컴퓨팅 사고력 !

마이크로비트로 메이커 되기

한선관 · 김병남 · 김병철 · 김영준 · 문원태 · 안성민 · 홍수빈 지음

컴퓨팅 사고력 UP!
마이크로비트로 메이커 되기

초판인쇄 2020년 3월 12일
초판발행 2020년 3월 20일

지은이 | 한선관, 김병남, 김병철, 김영준, 문원태, 안성민, 홍수빈
펴낸이 | 김승기
펴낸곳 | ㈜생능출판사 / 주소 경기도 파주시 광인사길 143
출판사 | 등록일 2005년 1월 21일 / 신고번호 제406-2005-000002호
대표전화 | (031) 955-0761 / 팩스 (031) 955-0768
홈페이지 | www.booksr.co.kr

책임편집 | 유제훈 / 편집 신성민, 김민보, 권소정
디자인 | 유준범(표지디자인) / 디자인86(본문디자인)
마케팅 | 최복락, 심수경, 차종필, 백수정, 최태웅, 명하나, 김범용
인쇄/제본 | 영신사

ISBN 978-89-7050-357-8 13000
값 19,000원

- 이 책의 국립중앙도서관 출판예정도서목록(CIP)은 서지정보유통지원시스템 홈페이지(http://seoji.nl.go.kr)와 국가자료공동목록시스템(http://www.nl.go.kr/kolisnet)에서 이용하실 수 있습니다.(CIP제어번호: CIP2020001940)
- 이 책의 저작권은 ㈜생능출판사와 지은이에게 있습니다. 무단 복제 및 전재를 금합니다.
- 잘못된 책은 구입한 서점에서 교환해 드립니다.

들어가기 전에

1. 예제 코드 제공

이 책에 나오는 프로젝트별 예제 코드는 생능출판사 홈페이지(https://booksr.co.kr/)에서 '마이크로비트'로 검색하면 [보조자료]에서 다운로드하여 사용할 수 있습니다.

2. 프로젝트를 위해 필요한 부품

이 책에 사용된 마이크로비트 및 부품들은 디바이스마트에서 세트상품으로 구성하여 판매하고 있습니다. 다음 주소를 방문하면 해당 세트상품을 구매할 수 있습니다.

http://www.devicemart.co.kr/12526546

※ 이 책에 수록된 프로젝트를 진행하는 데 필요한 부품은 다음과 같습니다.

품명	수량	상품설명
마이크로비트	1	BBC 마이크로비트 보드 단품
마이크로비트 확장보드	1	마이크로비트 브레드보드 아답터 (EF03404)
(미니)브레드보드	2	컬러 미니 브레드보드 170핀
AA배터리 모듈	1	2 x AA 배터리 홀더 On/Off 스위치 및 2-pin JST 커넥터 (마이크로비트 호환) (EF10095)
피에조 스피커	1	IMT12D2001AP
네오픽셀(링)	1	16 x WS2812B 5050 RGB LED 모듈 RING-Black (SZH-LD083)
DC모터	1	3V 소형 DC모터 (MCU-001)
DHT11 온습도 센서	1	DHT11 온습도 센서 모듈 (ONE011)
RGB LED	1	-
LED	12	3mm 빨강색
집게전선	1	악어클립(中) 케이블 45cm 5색×2줄 (SZ-XL044)
MM 핀케이블 20cm	0.5	테스트(CH254) 소켓 점퍼 케이블 40P (칼라) (M/M) 20cm
5핀 연결 케이블	1	-
구리테이프 1m(두께 10mm)	1	-
전선(sparkfun prt-08023, 빨강색) 1m	1	-
전선(sparkfun prt-08023, 검정색) 1.5m	1	-

저자 소개

한선관 (인공지능교육학회 학회장)
2002년부터 경인교육대학교에서 컴퓨터 교육을 가르치고 있다. 2007년부터 '스크래치 데이' 한국 행사를 주도하며 미래창조과학부와 함께 SW 창의 캠프 행사, 온라인 SW 교육 사이트 운영 등 우리나라의 초·중등 소프트웨어 교육을 확산시키는 주역으로 정열을 쏟고 있다. 특히 '2015 개정 교육과정'에 따른 중학교 정보 교과서를 집필하여 창의성 있는 소프트웨어 인재 양성에 책임을 다하고 있다.

김병남
인천에서 교사로 근무하고 있으며 경인교대 미래인재연구소에서 활동하고 있다. 2015년부터 SW교육선도학교를 운영하며 초등학교 교육과정 속 SW교육을 적용하고 SW교육의 대중화를 위해서 노력하고 있다. 인천 SW교육 교사 연구회 회장을 역임하였다.

김병철
인천에서 교사로 근무하고 있으며 한국인공지능교육학회에서 연구원으로 활동하고 있다. 피지컬 코딩교구를 활용한 SW교육 연구에 매진하고 있다.

김영준
인천에서 교사로 근무하고 있으며 인천SW교사연구회(SE4A), 경인교대 미래인재연구소, 한국인공지능교육학회에서 활동하며 SW교육을 현장에 적용하고 있다.

문원태
인천교육청 소속 교사 및 경인교육대학교 수학영재 석사로서 SW교육에 관심을 가지고 콘텐츠 개발 및 미래인재연구소에서 연구 활동을 통하여 인천 SW교육 발전을 위해 노력하고 있다. 그 공을 인정받아 교육부장관상을 수상한 바 있다.

안성민
경인교육대학교를 졸업하고 인천에서 교사로 재직 중이다. 2012년부터 학교 현장에서 학생들과 SW교육 활동을 실천하고 있다. SW교육 교사연수 강의, SW교육 관련 저서 집필 등 다양한 활동을 통하여 컴퓨팅 사고력을 중심으로 하는 SW교육에 매진하고 있다.

홍수빈
인천에서 교사로 근무하고 있으며 경인교대 컴퓨터교육과에서 박사 과정을 밟고 있다. 'EBS 소프트웨어야 놀자'에 출연하여 SW교육 확산에 기여하였다. 특히 '2015 개정 교육과정'에 따른 중학교 정보 교과서를 집필하였다.

머리말

스크래치로 시작된 코딩 교육은 이제 피지컬 컴퓨팅 교육으로 확장되어 가고 있습니다. 머리로 이해하는 알고리즘에서 손으로 만들어 가는 코딩 교육이 대세가 된 것입니다. 생각한 것을 만드는 활동은 사고력을 높여주고 삶의 도전과 변화를 제공합니다. 피지컬 컴퓨팅이 메이커 운동을 만났을 때 비로소 이러한 가치를 발휘합니다.

피지컬 컴퓨팅과 메이커 운동, 그 중심에 마이크로비트가 있습니다.

마이크로비트는 코딩과 컴퓨팅 과학의 교육을 위해 영국의 BBC에서 개발되었습니다. 작은 컴퓨터의 구조를 가진 마이크로비트는 입력받는 센서와 출력하는 액츄에이터를 자유롭게 조립하여 상상하는 모든 것을 만들 수 있습니다.

세상으로부터 받은 다양한 자료를 센서로 입력받아 계산하고 제어하는 절차를 거치면 모터, 빛, 소리, 진동 등으로 출력을 합니다. 이러한 과정을 통해 우리는 주어진 문제를 해결하고 자료를 정보로 처리하여 원하는 결과를 산출하는 컴퓨터의 원리를 이해하게 됩니다.

이 책은 코딩 교육의 경험이 풍부한 7명의 교육자들이 실제 교육에 적용한 내용 중 재미있고 창의적인 주제를 구성한 것입니다. 책의 주제는 주변에서 볼 수 있는 문제들을 창의적으로 해결하기 위한 것으로 마이크로비트와 코딩으로 만들고 즐겨보는 활동으로 선정하였습니다.

세상을 변화시킨 컴퓨팅 머신과 컴퓨터 과학을 쉽게 이해하도록 도와주는 마이크로비트는 이제 우리의 곁에서 재미와 즐거움을 선사합니다. 여러분들도 이 책을 통해 마이크로비트의 즐거움, 코딩의 아름다움, 메이커의 행복함을 함께 경험해 보시기 바랍니다.

한선관, 김병남, 김병철, 김영준, 문원태, 안성민, 홍수빈 드림

목차

Intro - Hello, 마이크로비트   7

I부 컴퓨팅 비트

1강 하드웨어 비트   15
2강 소프트웨어 비트 - 기본 블록   27
3강 소프트웨어 비트 - 입력 블록   39
4강 소프트웨어 비트 - 음악 블록   49
5강 소프트웨어 비트 - LED 블록   61
6강 소프트웨어 비트 - 라디오 블록   73
7강 소프트웨어 비트 - 반복 블록   83
8강 소프트웨어 비트 - 논리 블록   91
9강 소프트웨어 비트 - 변수 블록   99
10강 소프트웨어 비트 - 계산 블록   107

II부 메이킹 비트

11강 스타워즈 광선검 만들기   115
12강 매직버튼 트릭 만들기   127
13강 방향 지시등 만들기   139
14강 무드등 만들기   151
15강 지진 감지기 만들기   161
16강 모스신호기 만들기   171
17강 리액션 타이머 만들기   181
18강 전자 악기 만들기   197
19강 온도 감지 컵 만들기   209
20강 마음 리더기 만들기   223

부록 플러스 비트

A. 블록명령과 마이크로비트   236
B. 자바스크립트와 마이크로비트   243
C. 파이썬을 위한 마이크로비트   248
D. 마이크로비트 시리얼 통신   250

INTRO   Hello, 마이크로비트

마이크로비트는 영국 BBC 방송이 만든 교육용 컴퓨터입니다. 처음 접해보는 분들은 '이렇게 작은 게 컴퓨터라고?' 생각할지 모릅니다. 크기는 작지만 컴퓨터가 가지고 있는 기본적인 구조를 모두 가지고 있으며 소프트웨어를 저장해서 여러 가지 일을 할 수 있습니다. 자세한 것은 뒤에서 차근차근 알아보도록 하고, 인트로에서는 마이크로비트 사용법과 미니프로젝트 하나를 소개하려고 합니다. 하나씩 차근차근 시작해 봅시다.

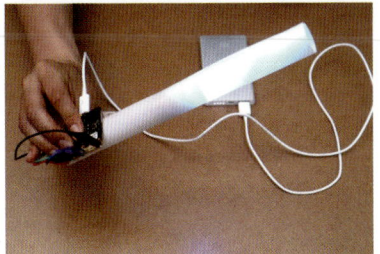

마이크로비트용 소프트웨어는 어떻게 만들 수 있을까요?

마이크로비트용 소프트웨어를 만드는 방법은 여러 가지가 있습니다. 그 중에서 마이크로소프트에서 만든 메이크코드(MakeCode)라는 서비스를 이용하는 방법을 알아보겠습니다. 메이크코드를 사용하는 이유는 블록코딩 방식이라 마우스로 드래그앤드롭(Drag&Drop)만 할 수 있다면 누구나 사용할 수 있어서 쉽습니다. 그리고 코드를 다운받아 마이크로비트에 저장할 수 있는 형태로 바꾸어주기 때문에 컴퓨터와 연결돼 있지 않아도 마이크로비트에서 소프트웨어를 실행시킬 수 있습니다. 이제 사용 방법을 알아보겠습니다.

1 마이크로비트 사이트에 접속하기

인터넷 주소창에 https://archive.microbit.org/ko/를 입력한 후 상단에 [코드 만들기]를 클릭합니다.

(단, 위 주소는 변경될 수 있으며, 페이지가 없다고 나온다면 인터넷 주소창에 microbit.org를 입력한 후 웹페이지 상단의 language 메뉴에서 한국어로 변경하면 됩니다.)

2 메이크코드 편집기에 접속하기

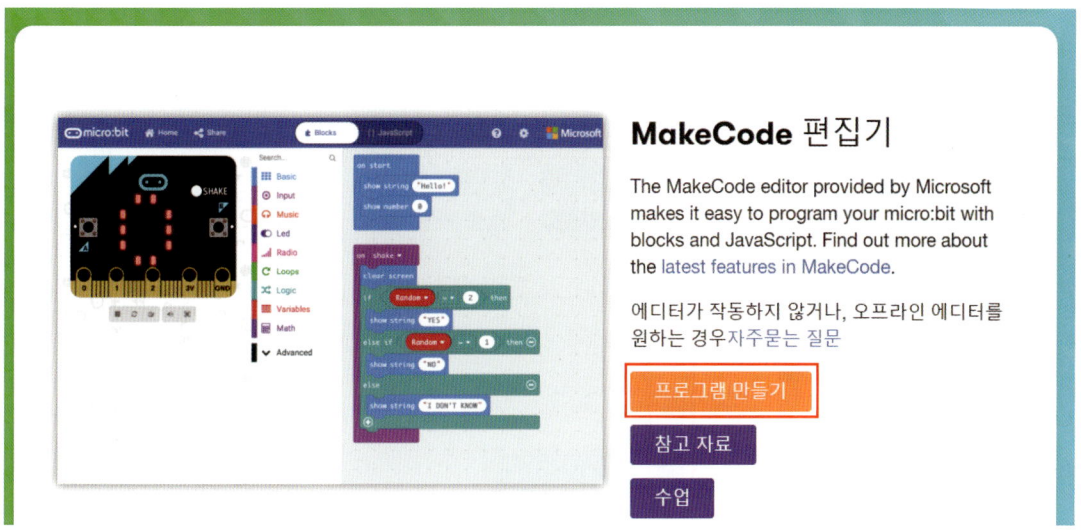

MakeCode 편집기 항목에서 [프로그램 만들기]를 클릭합니다.

3 새 프로젝트 열기

[새 프로젝트] 아이콘을 클릭합니다.

4 코드편집기 살펴보기

마음껏 만져도 고장 나지 않습니다. 이곳저곳을 클릭해보며 여러 가지 기능을 익혀봅시다.

마이크로비트에 소프트웨어를 어떻게 저장할 수 있을까요?

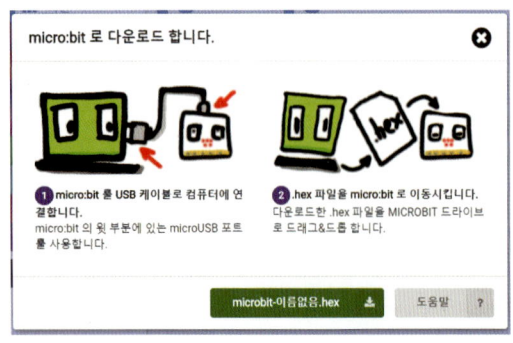

메이크코드(MakeCode) 편집기를 통해 만든 소프트웨어를 마이크로비트에 옮기는 방법을 알아봅시다. 마이크로비트와 같은 기계장치(하드웨어)를 사용자가 원하는 대로 작동시키기 위해서는 소프트웨어를 하드웨어에 직접 저장하는 방식을 사용합니다. 그러기 위해서는 아래 그림과 같이 소프트웨어를 다운 받아서 마이크로비트로 옮기는 과정을 거치게 됩니다.

일반적으로 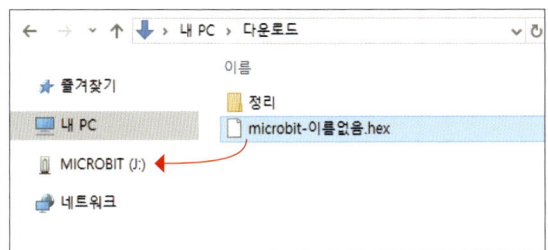 아이콘을 클릭하면 PC의 [다운로드]폴더에 파일이 저장됩니다. 이 파일을 마이크로비트에 옮겨주기만 하면 됩니다. 다음 과정을 통해 소프트웨어를 저장해 봅시다.

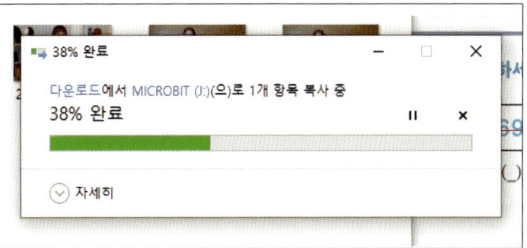

1 처음화면에서 [가져오기]를 클릭합니다.

2 [URL 주소 가져오기]를 클릭합니다.

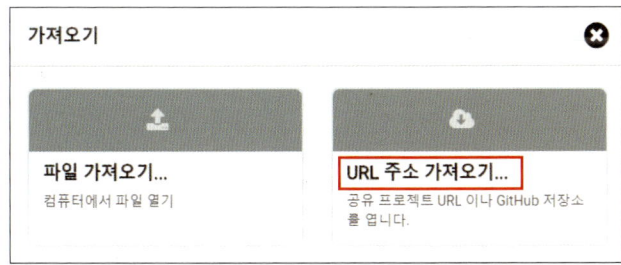

3 입력창에 아래 글자를 직접 입력하세요.

| _DF5LvYe5VCH1 |

글자를 입력할 때 첫 번째 글자는 언더바(_)이고, 알파벳은 대소문자를 구분해서 입력해야 합니다.

4 프로그램이 실행되면 소프트웨어를 다운로드 받습니다.

5 다운로드 받은 소프트웨어를 마이크로비트로 옮겨줍니다.

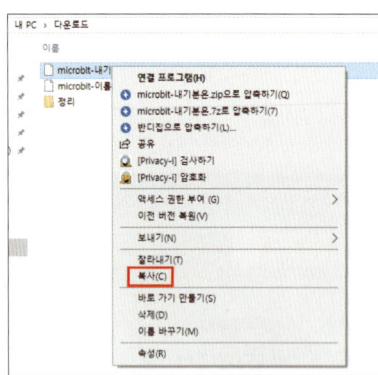 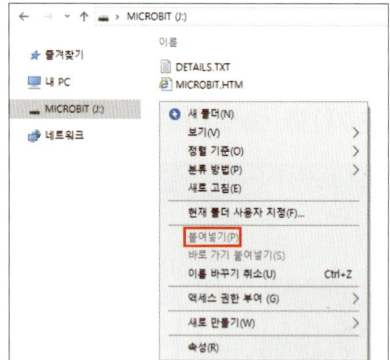

6 복사가 완료되면 마이크로비트의 A키와 B키를 누르면서 자신의 현재 기분과 어울리는 아이콘을 선택해 주세요.

마이크로비트의 세계에 오신 것을 환영합니다

I부
컴퓨팅 비트

1강 하드웨어 비트

마이크로비트는 작지만 많은 일을 할 수 있는 소형 컴퓨터입니다. 이러한 컴퓨터를 마이크로컨트롤러(Microcontroller)[1]라고 부르기도 합니다. 우리가 알고 있는 컴퓨터보다 훨씬 작은 (4cm×5cm) 이 보드가 어떻게 컴퓨터의 기능을 할까요? 여러 가지 하드웨어[2]를 중심으로 마이크로비트를 살펴봅시다.

개요	준비물
마이크로비트에 장착된 여러 장치를 통해 컴퓨터 하드웨어의 특징과 활용에 대해서 알아보자.	마이크로비트

---

1) 마이크로프로세서와 입출력 모듈을 하나의 칩으로 만들어 정해진 기능을 수행하는 컴퓨터를 말한다.
2) 소프트웨어와 달리 눈에 보이고 직접 만질 수 있는 컴퓨터의 부품을 말한다.

생각 다지기 : 아이디어 마이닝

마이크로비트의 구조

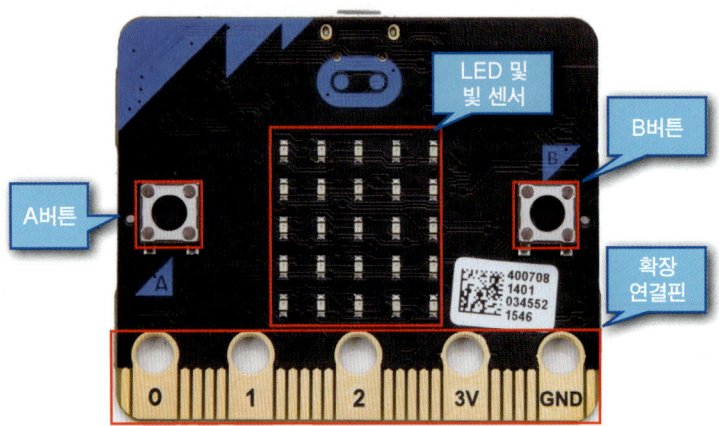

〈앞모습〉

마이크로비트의 앞면은 마이크로비트의 얼굴과도 같습니다. 가운데에는 빨간색이 꺼지거나 켜지면서 여러 가지를 표현하고 양쪽으로는 직접 누를 수 있는 버튼이 두 개 있습니다. 아래 금색 실로폰같이 생긴 것은 다른 장치나 선을 연결할 수 있는 확장 연결핀입니다.

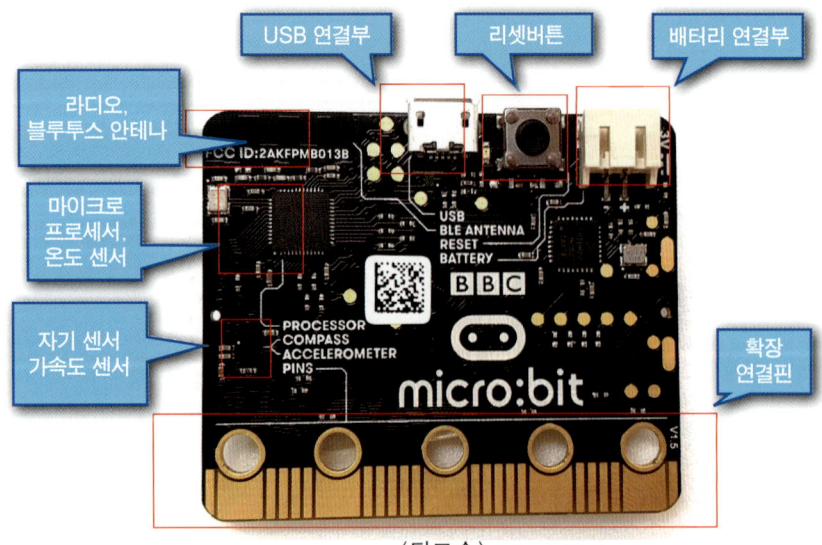

〈뒷모습〉

뒷면은 더 복잡하고 멋지죠? 여러 가지 전자 부품들이 연결되어 있습니다. 이 중에는 센서(가속도 센서, 자기 센서, 빛 센서, 버튼, 확장 연결핀)도 있는데 센서는 눈과 귀와 같은 감각기관의 역할을 하는 부품입니다.

입력 센서

먼저 입력 센서에 어떤 것이 있고 어디에 쓰이는지 살펴보겠습니다. 입력 장치는 우리 몸에 여러 감각기관으로 생각할 수 있습니다. 감각기관과 연결해 생각해 보면 이해하기 쉽습니다.

1 버튼(압력 센서)

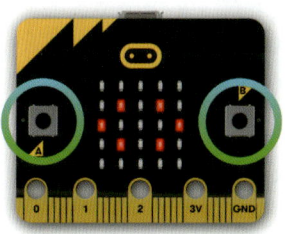

- 마이크로비트 앞쪽에 '버튼A'와 '버튼B'가 있습니다.
- 버튼은 보통 손으로 눌러서 신호를 입력하는데 이것은 버튼이 압력의 변화를 느낄 수 있기 때문입니다.

누르는 압력을 감지해서 신호를 입력하는 버튼은 가장 기본적이고 널리 쓰이는 입력 장치입니다.

● 키보드

키보드는 여러 개의 버튼이 모여 있습니다. 각 버튼은 압력의 변화를 감지하여 그 버튼에 해당하는 신호를 컴퓨터에 전달하는 것입니다.

● **혈압계**

혈관의 압력 변화를 감지하여 혈압을 측정해서 그 결과를 숫자로 출력합니다.

● **디지털 체중계**

위에서 누르는 압력의 크기를 감지하여 무게를 숫자로 출력합니다.

2 빛 센서

살펴보기

 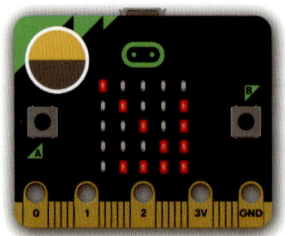

- 마이크로비트 앞면에 25개의 LED 스크린이 있는데 이것이 빛 센서의 역할을 합니다.
- 빛의 밝기를 감지하여 0~255 사이의 수로 표시합니다.

어디에 쓸까요

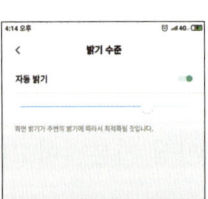
● **스마트폰**

주변 밝기에 따라 스마트폰의 밝기를 자동으로 조절해 주는 기능에 사용됩니다.

● **자동차**

자동차 주변의 밝기를 측정하여 자동으로 전조등을 켜고 끄는 기능을 구현할 때 사용됩니다.

3 가속도 센서

살펴
보기

 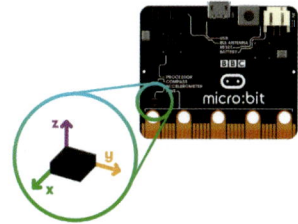

- 마이크로비트 뒤쪽에 가속도 센서가 내장되어 있어서 가속도를 측정할 수 있습니다.
- 가속도 센서는 마이크로비트의 움직임을 감지해서 흔들림, 기울기, 떨어짐 등을 판단하여 해당 값을 출력합니다.

어디에
쓸까요

- **스마트폰**

  스마트폰의 기울기를 감지하여 화면 방향을 자동으로 바꾸는 기능을 구현할 때 사용합니다.

- **드론**

  드론의 자세나 기울기를 측정하여 프로펠러의 회전 속도를 결정하여 균형을 유지할 때 사용합니다.

4 자기(나침반) 센서

살펴
보기

- 마이크로비트 뒤쪽에 자기 센서가 내장되어 있어서 방위를 측정해 줍니다.
- 자기 센서는 지구의 자기장을 감지하여 마이크로비트가 놓여있는 방향을 측정합니다. 전자 나침반이라고 할 수 있습니다.

어디에
쓸까요

● 스마트폰

스마트폰이 가리키는 방향을 측정하기 위하여 내장되어 있으며 나침반 앱 등에 사용됩니다.

● 내비게이션

내비게이션 등에 내장되어 있어서 내가 어느 방향으로 가고 있는지 감지하여 길을 찾아갈 수 있도록 도와줍니다.

5 온도 센서

살펴
보기

 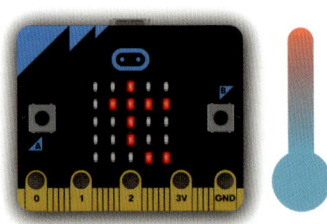

- 마이크로비트 뒤쪽에 부착된 마이크로프로세서에는 온도 센서가 내장되어 있습니다.
- 온도 센서는 주변의 온도를 측정하여 섭씨(℃)단위로 표시합니다.

어디에
쓸까요

● 냉난방기

냉난방기에는 온도 센서가 내장되어 있어서 설정한 온도를 유지하기 위해 냉방을 하거나 난방을 합니다.

중앙처리장치

살펴
보기

- 마이크로비트는 스마트폰처럼 마이크로프로세서가 중앙처리장치의 역할을 합니다.
- 현재 사용되고 있는 부품은 영국의 반도체 회사인 ARM사의 제품[3]을 사용합니다.
- 마이크로프로세서는 컴퓨터의 중앙처리장치(CPU), 주기억장치 등을 하나의 칩에 합쳐 놓은 장치를 말합니다. 사람의 뇌에 해당하는 아주 중요한 부품입니다.

무슨 일을
할까요?

입력　　　　　　　　　　　　　　　　　출력

- 센서나 컴퓨터를 통해 입력된 정보를 처리하여 출력 장치로 신호를 보내는 역할을 합니다.

---

3) 32-bit ARM Cortex CPU 16K RAM 16MHz with Bluetooth Low Energy

출력 장치

우리는 다른 사람에게 자신의 생각을 전달할 때 입으로 말을 하거나 손짓, 발짓을 합니다. 마이크로비트는 이러한 기관이 없기 때문에 다른 방식으로 표현합니다.

LED 스크린

 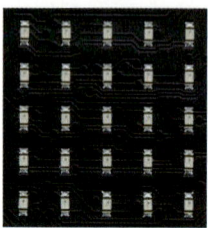 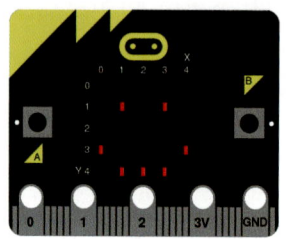

- 마이크로비트 앞쪽에 25(5×5)개의 LED가 있습니다.
- LED가 켜지고 꺼진 위치에 따라 다양한 그림이나 글자를 표시하는 데 사용됩니다.

- 엘리베이터

숫자와 이미지를 표시하는데 사용합니다.

- 텔레비전

텔레비전이나 각종 스크린에 작은 LED가 사용되어 영상을 재생합니다.

- 조명(LED등)

실내에 조명으로 많이 사용되며 수명이 길고 전력 소모가 적어서 널리 사용됩니다.

통신 장치

서로 다른 기기들끼리 정보를 주고 받는 것을 통신이라고 합니다. 통신을 크게 선을 이용하는 유선통신, 선이 필요없는 무선통신으로 나눌 수 있습니다.

1 라디오 통신

 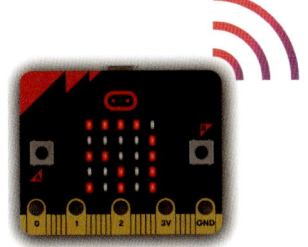

- 마이크로비트는 라디오 통신 기능을 이용하여 무선으로 데이터를 주고받을 수 있습니다.
- 라디오 통신을 이용할 경우에 아주 간단하게 신호를 보낼 수 있고 한 번에 여러 기기에 신호를 전송할 수 있다는 장점이 있습니다.

2 블루투스 통신

 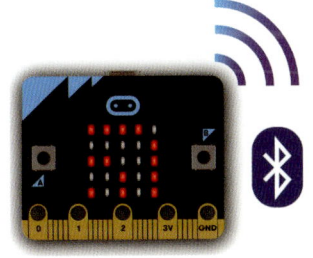

- 마이크로비트는 블루투스 통신을 이용하여 다른 기기과 데이터를 주고받을 수 있습니다.
- 블루투스 통신을 이용하면 블루투스를 지원하는 다양한 기기와 연결될 수 있으며 별도의 앱을 이용하여 스마트폰, 태블릿 PC와 신호를 주고받을 수 있습니다.

3 USB 유선통신

 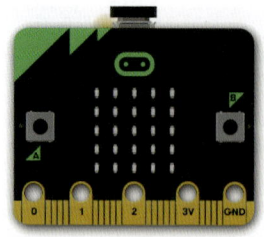

- 마이크로비트는 USB 연결부를 통하여 전원을 공급받으며 데이터를 주고받을 수 있습니다.
- 마이크로비트는 USB로 컴퓨터와 연결할 때 별도의 저장장치로 인식되고 작성한 소프트웨어를 불러와 저장할 수 있습니다.

생각 갈무리 | CT 레벨 업

전기밥솥도 컴퓨터일까?

우리는 이제 컴퓨터 없이 살아가기는 힘들다. 주변은 온통 컴퓨터나 컴퓨터를 기반으로 하는 기계장치들이 넘쳐난다. 그런데 이런 질문을 던져본 적이 있는가? 전기밥솥도 컴퓨터일까?

컴퓨터(Computer)라는 말을 사전적으로만 살펴보면 계산하는 기계 또는 계산하는 사람을 의미한다. 그렇다고 계산을 하기 위해 사용하는 주판을 컴퓨터라고 부르지는 않는다. 컴퓨터는 어떤 조건을 가지고 있어야 하는가? 컴퓨터에 관한 여러 가지 정의나 범주가 있을 수 있겠으나 현대의 컴퓨터는 기본적으로 '폰 노이만 구조'를 따르고 있다. 미국의 과학자 폰 노이만이 처음 만든 구조로서 입력장치, 출력장치, 연산 및 제어장치, 저장장치로 구성되어 있다. 이를 기준으로 생각해 보면 컴퓨터라는 것은 어떠한 데이터를 입력할 수 있어야 하며, 입력된 데이터는 연산, 저장, 제어의 과정을 거친 후, 결과를 출력하는 것이다. 또 이 구조에서 핵심적인 부분은 소프트웨어가 저장장치에 내장되어 있어야 한다는 점이다.

이 기준에서 전기밥솥은 컴퓨터인가? 전기밥솥에 물과 쌀이 들어가고 우리는 입력기판을 이용해서 어떤 종류의 밥을 지을지 결정한다. 그 결정에 따라 저장된 소프트웨어는 일정한 알고리즘에 따라 열을 가하고 압력을 조절하여 밥을 완성한다. 이러한 구조의 밥솥이라면 우리는 컴퓨터라고 부를 수 있을 것이다.

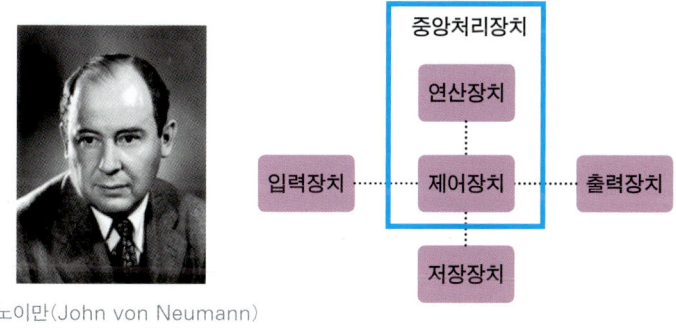

폰 노이만(John von Neumann)
헝가리 출신의 미국 수학자

◆ 우리 주변에서 컴퓨터라고 부를 수 있는 것에는 어떤 것이 있을까요?
◆ 위의 기준에 따라 '마이크로비트'는 컴퓨터라고 부를 수 있을까요?

2강 소프트웨어 비트 - 기본 블록

2강에서는 마이크로비트의 기본 블록에 대해서 알아보겠습니다. 기본 블록을 사용하는 예제를 통해 기본 블록의 기능을 살펴봅시다. 그리고 기본 블록을 사용하여 가위바위보 게임 프로그램을 만들어 봅시다.

개요

마이크로비트의 기본 명령 블록의 기능을 알아보자.

준비물

마이크로비트,
5핀 연결 케이블,
AA 배터리 모듈

 생각 다지기 : **아이디어 마이닝**

마이크로비트 기본 명령 블록

기본 블록 탭에서는 '수'와 '문자열'을 출력해 주는 블록, LED를 출력해주는 블록, 일시중지 블록, 무한반복 실행, 시작하면 실행 블록 등이 있습니다. 블록을 하나하나 살펴봅시다.

블록 탐색하기

1 [시작하면 실행]과 [무한반복 실행] 블록을 알아보자.

마이크로비트 코딩의 가장 기본이 되는 블록입니다. 마이크로비트에 전기를 공급하면 [시작하면 실행]과 [무한반복 실행] 블록 안에 있는 블록들이 실행됩니다.

2 [수 출력]과 [문자열 출력] 블록을 알아보자.

[수 출력]과 [문자열 출력] 블록은 마이크로비트의 LED에 출력하기 위한 블록입니다. 사용자가 출력하고 싶은 수와 문자열을 입력하거나, 변수를 입력하여 사용합니다.

> **TIP** 자료형(Data Type)
> 일반적인 프로그래밍 언어에서는 입력되는 자료(Data)의 종류에 따라 자료형(Data Type)을 구분하여 사용한다. 자료형에 따라서 자료가 어떤 값을 가질 수 있는지, 그 자료로 어떤 연산을 할 수 있는지 등이 결정된다. 마이크로비트에서도 다양한 자료형이 사용되는데 그 중 다음 3가지가 대표적이다.
>
> | 자료형 | 블록 | 설명 |
> |---|---|---|
> | 숫자 | 수 출력 3 | 모서리가 둥글다. 따옴표가 없다. 정수, 실수 모두 담을 수 있다. |
> | 문자열 | 문자열 출력 "Hello!" | 모서리가 둥글다. 따옴표가 있다. 사칙연산이나 숫자로 하는 연산에 사용할 수 없다. |
> | 불린 | 참(true) ▼ | 육각형 모양이다. 참(True), 거짓(False) 두 가지 값만 가진다. 주로 조건문과 함께 쓰인다. |

···→ 미니프로젝트

숫자(정수, integer) 출력하기

아래 블록에 정수를 직접 입력하거나 정숫값을 담고 있는 변수 블록을 넣어 주면 LED 스크린에 숫자가 출력됩니다. 두 자리 이상의 숫자는 오른쪽에서 왼쪽으로 글자가 흘러가면서 (스크롤되면서) 표시됩니다.

··· 미니프로젝트
글자(문자열, string) 출력하기

숫자와 마찬가지로 문자열을 직접 입력하거나 문자열을 담고 있는 변수 블록을 넣어 주면 LED 스크린에 글자가 출력됩니다. 두 자리 이상의 글자는 오른쪽에서 왼쪽으로 글자가 흘러가면서 표시됩니다. 이때 숫자와 영문만 문자열로 출력됩니다.

3 [아이콘 출력] 블록을 알아보자.

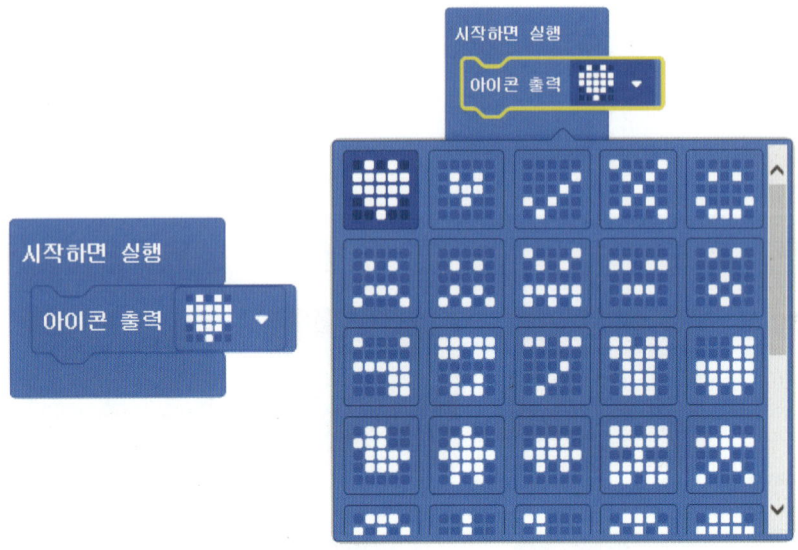

[아이콘 출력] 블록을 사용하면 40종류의 아이콘 중에서 사용자가 원하는 모양을 고를 수 있습니다.

···▶ 미니프로젝트
다양한 아이콘 출력하기

40종류의 아이콘 중에서 살펴보면서 자신이 원하는 모양을 출력하는 코드를 만들어 봅시다.

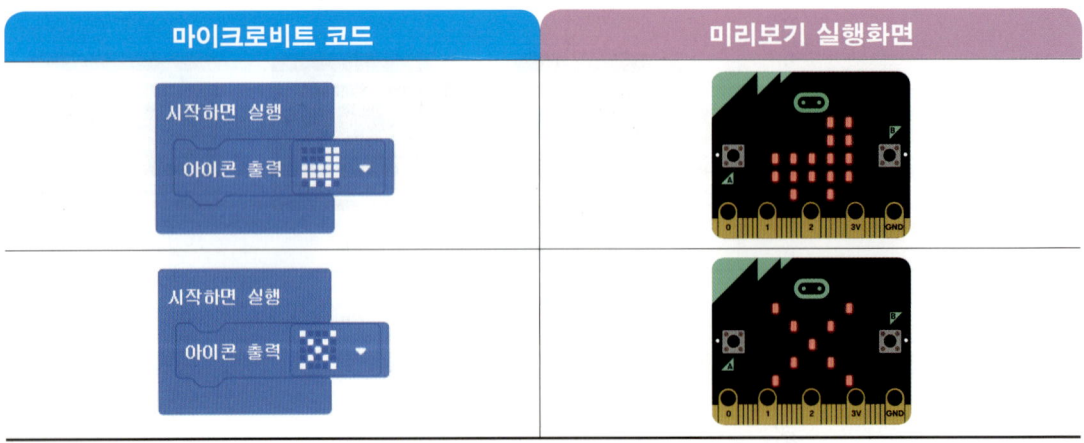

4 (LED 출력) 블록을 알아보자.

[LED 출력] 블록을 사용하면 마이크로비트의 25개의 LED를 사용자가 원하는 모양으로 켜고 끌 수 있습니다. [아이콘 출력] 블록에서 사용자가 원하는 모양이 없을 경우 사용하면 효과적입니다.

⋯▶ 미니프로젝트
가위바위보 아이콘 만들기
버튼을 눌렀을 때 출력될 가위, 바위, 보 아이콘을 아래 예시를 참고해서 만들어 봅시다.
예)

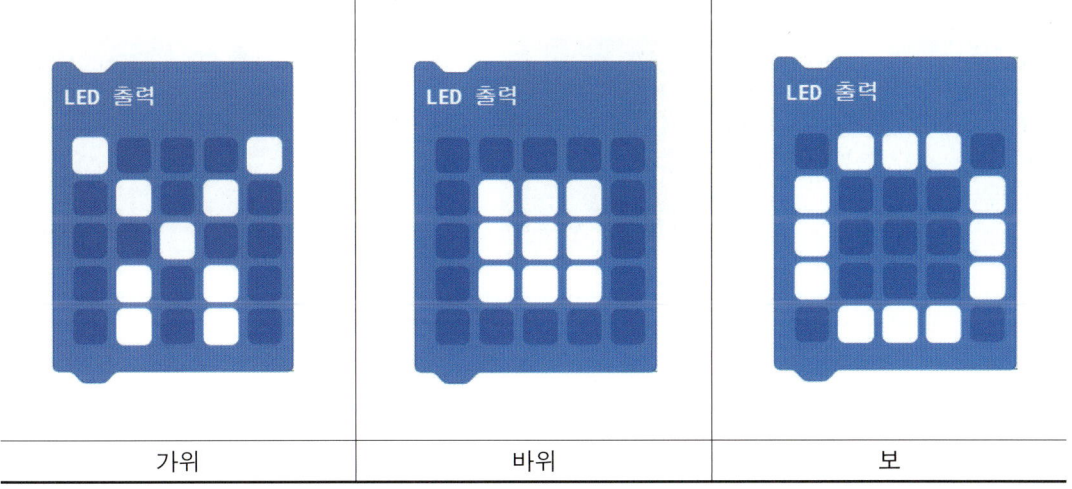

| 가위 | 바위 | 보 |

5 [일시정지]와 [LED 스크린 지우기] 블록을 알아보자.

[일시중지] 블록은 입력한 시간만큼 프로그램을 일시중지하는 기능을 가지고 있습니다. 이 때 시간 단위는 밀리초(ms)입니다.

[LED 스크린 지우기] 블록을 사용하면 현재 LED 스크린의 모든 LED가 꺼지게 만들어 스크린을 지우는 효과를 냅니다.

> **TIP** 밀리초 (millisecond, ms)
> 마이크로비트에서는 정밀한 시간 측정을 위해서 밀리초라는 단위를 사용합니다. 밀리초는 1/1,000초를 의미합니다. 따라서 1초는 1,000ms, 10초는 10,000ms가 됩니다.

···▶ 미니프로젝트
LED 스크린 모두 지우기

[기본] 카테고리 하단에 [더보기]를 클릭하면 등장하는 추가 블록 중에 [LED 스크린 지우기] 블록은 출력된 LED 스크린 창을 모두 끄는 기능이 있습니다.

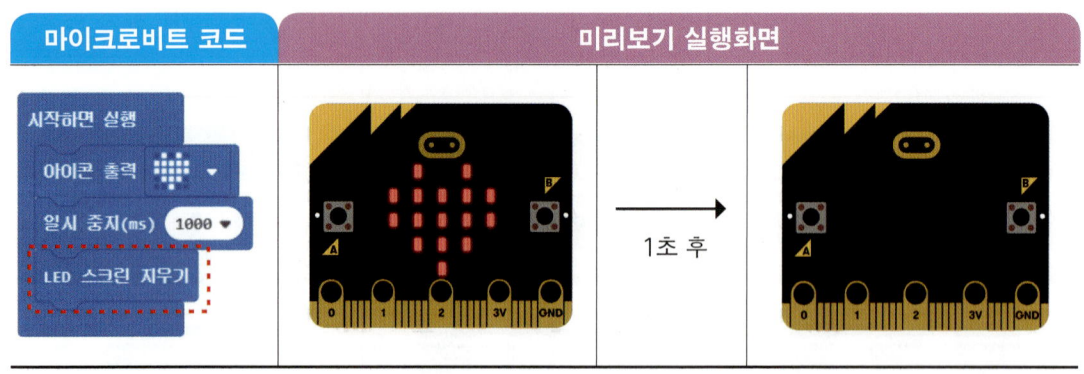

34 | I부 컴퓨팅 비트

# 생각 펼치기 : 아이디어 메이킹

지금까지 배운 기본 블록과 버튼 누르기 블록을 이용해 '가위바위보 프로그램'을 만들어 봅시다. 버튼을 눌렀을 때 정해진 아이콘이 LED 스크린에 출력되고 일정시간 동안 유지되었다가 사라지는 프로그램을 만들어 봅시다.

시작 메시지 만들기

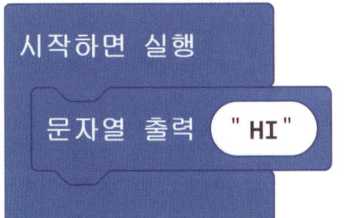

프로그램을 업로드하고 나서 실행되고 있는지 확인할 수 있게 간단한 문자열 메시지를 만들어 봅시다. 시작 시 문자열이 출력된다면 정상적으로 실행되었음을 알 수 있습니다.

버튼을 눌렀을 때 아이콘 출력하기

① [A 누르면 실행] 블록을 가져 옵니다.
② 앞에서 만든 "가위 아이콘"을 [LED 출력] 블록으로 만들어서 연결합니다.

③ [일시중지 3000(ms)]으로 설정해 주면 3초간 아이콘이 출력됩니다.
④ 마지막에 [문자열 출력 "Ready"] 블록을 연결합니다.
⑤ [B 누르면 실행]과 [A+B 누르면 실행] 코드를 완성합니다.

친구와 가위바위보 하기

다음 절차에 따라 가위바위보를 해 봅시다.

① 마이크로비트를 전원을 연결하세요.
② "가위바위보"를 외치면서 A버튼이나 B버튼을 누르거나 A버튼과 B버튼을 동시에 누릅니다.
③ 서로의 아이콘을 확인하고 승패를 가립니다.
④ 비겼다면 다시 한 번 가위바위보를 합니다.

생각 갈무리 **CT 레벨 업**

양자컴퓨터를 들어보셨나요?

일반 컴퓨터는 '0'과 '1'을 이용한 연산으로 실행된다. 컴퓨터가 전기의 신호를 켜고 끄면서 실행되기 때문이다. 최근 과학의 발달로 현재 컴퓨터보다 더 빠른 컴퓨터를 만들 수 있는 기술이 개발되고 있다. 바로 양자컴퓨터가 그것이다. 1982년 미국의 이론물리학자 리처드 파인먼에 의해 처음 제안되었고, 1985년 영국 옥스퍼드대학교의 데이비드 도이치에 의해 그 구체적 개념이 정립되었다.

기존 컴퓨터는 정보를 0과 1로 표현하는 '비트'를 단위로 한 번에 한 개의 '비트'를 처리할 수 있다. 하지만 양자컴퓨터는 동시에 여러 개의 '비트'를 처리하여 현재의 컴퓨터보다 정보를 처리하는 속도, 즉 계산 속도를 매우 빠르게 향상할 수 있다. 양자 역학 현상을 이용했기 때문인데 대표적 양자 역학 현상은 중첩이다. 중첩은 0과 1이 따로 있지 않고 겹쳐 있다는 의미로 한 정보 저장소에 0과 1이 동시에 존재한다. 양자컴퓨터는 이러한 중첩 상태를 기본 단위로 해 '큐비트(Qubit · Quantum bit)'라고 부른다.

양자 중첩 현상 덕분에 전통적 컴퓨터보다 정보 처리 속도가 비약적으로 높아질 수 있다. 하나의 예를 들자면 보안 시스템 알고리즘 대부분은 소인수분해를 기반에 두고 있다. 이를 전통적 컴퓨터로 해석하려면 엄청난 시간이 필요하다. 1,000비트 숫자(300자리 정수)를 소인수분해를 하는데 기존 컴퓨터는 백만 년이 걸린다면 양자컴퓨터는 하루 안에 계산할 수 있다.

이처럼 빠르고 기대되는 양자컴퓨터지만 아직 제대로 완성되지 않았다. '큐비트(Qubit · Quantum bit)'를 원리처럼 현실에서 구현하는 것이 쉽지 않은데, 절대영도(약 −273℃)에 가까운 온도를 만들어야 하며 미세한 온도 변화, 소음, 진동만으로도 계산이 불가능한 상태가 되기 때문이다.

◆ 앞으로 여러분의 연구로 많은 제약들을 해결하여 최고의 양자컴퓨터를 만들어보면 어떨까요?

3강 소프트웨어 비트 - 입력 블록

컴퓨터는 자료를 입력받아 절차에 따라 처리한 후 결과를 출력합니다. 우리가 흔히 사용하는 PC는 키보드나 마우스를 통해서, 스마트폰은 터치스크린 또는 마이크를 통해서 자료를 받습니다. 이처럼 컴퓨터가 자료를 입력받는데 사용하는 전자 장치를 입력 장치라고 합니다. 그렇다면 마이크로비트는 어떠한 방법으로 자료를 입력받는지 알아보고, 마이크로비트를 이용한 간단한 프로그램을 만들어 봅시다.

개요	준비물
마이크로비트의 입력 블록의 기능을 알아보자.	마이크로비트, 5핀 연결 케이블

생각 다지기 : 아이디어 마이닝

블록 탐색하기

1 [누르면 실행] 블록을 알아보자.

마이크로비트의 앞면에는 2개의 버튼이 있습니다.
버튼이 눌린 경우 블록 안의 코드를 실행합니다.
- A 버튼 / B 버튼 / A+B 버튼 세 가지의 입력이 가능합니다.

⋯▸ 미니프로젝트
감정 표현하기

버튼 블록과 기본 블록에서 아이콘 출력 블록을 사용하여 감정을 표현해 봅시다. [아이콘 출력] 블록에서 [행복함] 블록과 [슬픔] 블록을 가져옵니다. 특정 버튼이 눌렸을 때 미리 정한 감정이 표현되도록 아래와 같이 코드를 만들어 봅시다.

마이크로비트 코드	미리보기 실행화면

2 〔감지하면 실행〕 블록을 알아보자.

 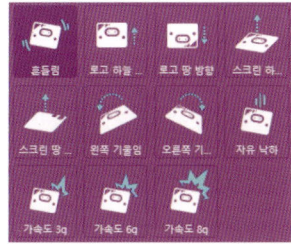

어떤 동작을 감지한 경우 블록 안의 코드를 실행합니다.
● 흔들림과 자유낙하 등 총 11가지의 동작 감지가 가능합니다.

···▶ 미니프로젝트

주사위 만들기

동작 블록과 기본 블록, 계산 블록을 활용하면 간단한 주사위를 만들 수 있습니다. 보통 정육면체 주사위는 1~6까지의 숫자가 무작위로 나오므로 계산 블록에서 [0부터 10까지의 정수 랜덤값] 블록을 가져와 숫자를 1과 6으로 바꿔 줍니다. 특정 숫자를 마이크로비트의 LED 스크린에 출력하기 위해서는 기본 블록의 [수 출력] 블록에 앞서 작성한 [1부터 6까지의 정수 랜덤값] 블록을 넣어줍니다. 주사위는 [흔들림 감지하면 실행] 블록 사이에 합친 블록을 넣어주면 됩니다.

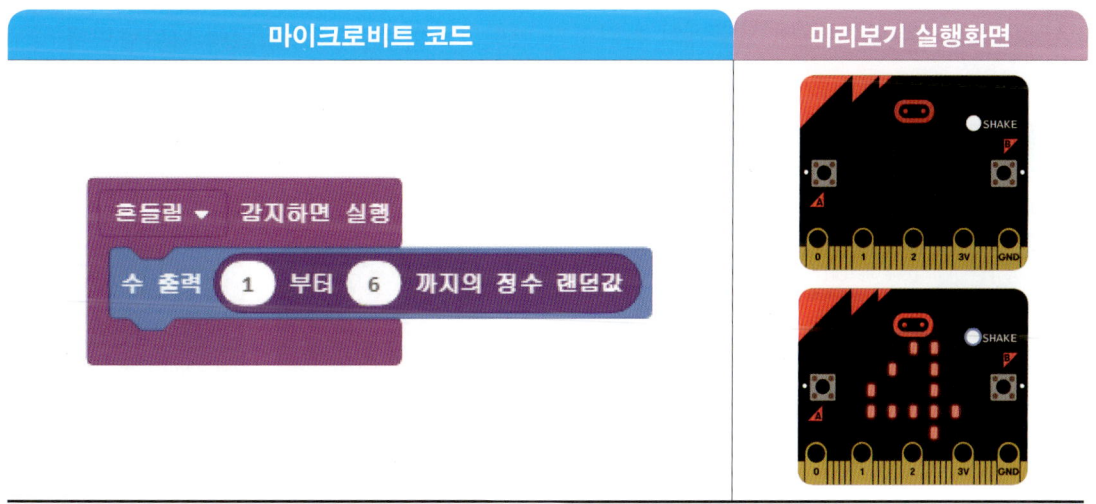

3 〔연결되면 실행〕 블록을 알아보자.

마이크로비트의 0번 핀(P0), 1번 핀(P1), 2번 핀(P2)과 GND가 연결되면 블록이 감싸고 있는 코드를 실행합니다. 즉, 회로를 통하여 전류가 흘렀을 때 코드를 실행합니다.
● 25개의 확장핀이 있어서 다양한 센서나 외부 장치와 연결할 수 있습니다.

⋯▶ 미니프로젝트
사랑 측정기 만들기

동작 블록과 기본 블록, 계산 블록을 활용하면 친밀도를 측정하는 사랑 측정기를 만들 수 있습니다. 계산 블록에서 [0부터 10까지의 정수 랜덤값] 블록을 가져와 숫자를 1과 100으로 바꿔 줍니다. 특정 숫자를 마이크로비트의 LED 스크린에 출력하기 위해서는 기본 블록의 [수 출력] 블록에 앞서 작성한 [1부터 100까지의 수 랜덤값] 블록을 넣어줍니다. [P0 연결되면 실행] 블록 사이에 합친 블록을 연결합니다. 이제 친구의 한 손을 잡고 나머지 한 손은 마이크로비트의 0번 핀을 잡습니다. 그리고 친구의 나머지 한 손은 마이크로비트의 GND 부분을 잡으면 친구와의 친밀도가 마이크로비트 LED 스크린에 나타납니다.

마이크로비트 코드	미리보기 실행화면
시작하면 실행 문자열 출력 " LOVE METER ! " P0 ▼ 연결(on)되면 실행 수 출력 1 부터 100 까지의 정수 랜덤값	

4 〔A 눌림 상태〕 블록을 알아보자.

〔A 눌림 상태〕 블록은 현재 어떤 버튼이 눌려있는지 확인할 때 사용합니다. A버튼이 눌려있으면 참(True), 눌려있지 않으면 거짓(False)이라는 값을 갖습니다.

〔A 눌림 상태〕 블록

〔누르면 실행〕 블록과 〔A 눌림 상태〕 블록을 사용하여 아래와 같이 두 가지로 코딩했을 경우, 어떤 차이점이 있을까요?

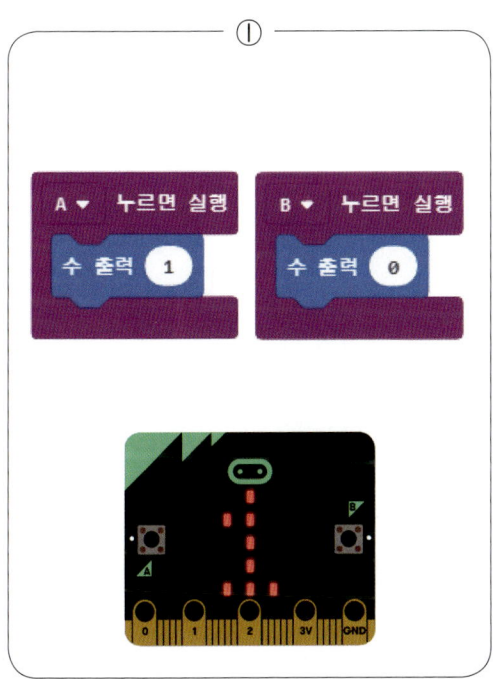

① 〔누르면 실행〕 블록의 경우, 이벤트를 다루는 블록으로서 어떤 버튼이 눌린 것과 같은 이벤트가 발생했을 때, 블록 안의 코드를 실행합니다. 따라서, A버튼을 한 번 누르면 LED 스크린에 숫자 '1'이 계속 출력됩니다.

② 〔A 눌림 상태〕 블록의 경우, 논리 블록과 함께 특정 상태의 조건으로 사용이 가능합니다. A버튼을 누르고 있는 동안 LED 스크린에 숫자 '1'이 출력되고 A버튼을 떼면 숫자 '0'이 출력되는 것을 볼 수 있습니다.

〔P0 연결(on) 상태〕 블록

핀이 연결(on)되었는지 아닌지 확인할 때 사용합니다.
● [연결 상태] 블록은 논리 블록과 함께 특정 상태의 조건으로 사용이 가능합니다.

5 〔센서 값〕 블록을 알아보자.

〔가속도 센서 x축 값〕 블록

마이크로비트의 가속도 센서를 활용하여 3축(x, y, z) 방향으로 따로따로 가속도 크기를 측정하거나, 3축 방향의 기울기의 크기를, 밀리그램(milligram) 단위의 값으로 측정할 수 있습니다.

x : 왼쪽-오른쪽 방향.
y : 앞-뒤 방향.
z : 위-아래 방향.
크기: 3축(방향) 가속도 크기의 합.

〔빛 센서 값〕 블록

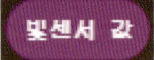

LED 스크린에 부착된 LED를 빛 센서로 사용하여 주변의 빛의 밝기를 0(어둠)~255(밝음)의 값으로 측정할 수 있습니다.

〔자기 센서 값〕 블록

마이크로비트의 자기 센서를 활용하여 마이크로비트가 놓여있는 방향(동, 서, 남, 북)을 알아낼 수 있습니다. 자기 센서 각도를 0~359도의 각도로 측정합니다.

〔온도 센서 값〕 블록

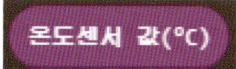 마이크로비트의 CPU(중앙처리장치)의 온도 센서를 활용하여 주변의 온도를 추정하여 섭씨단위로 표시합니다.

● 기본 블록과 LED 블록을 활용하여 여러 센서의 값을 마이크로비트 LED 스크린에 출력해 보자.

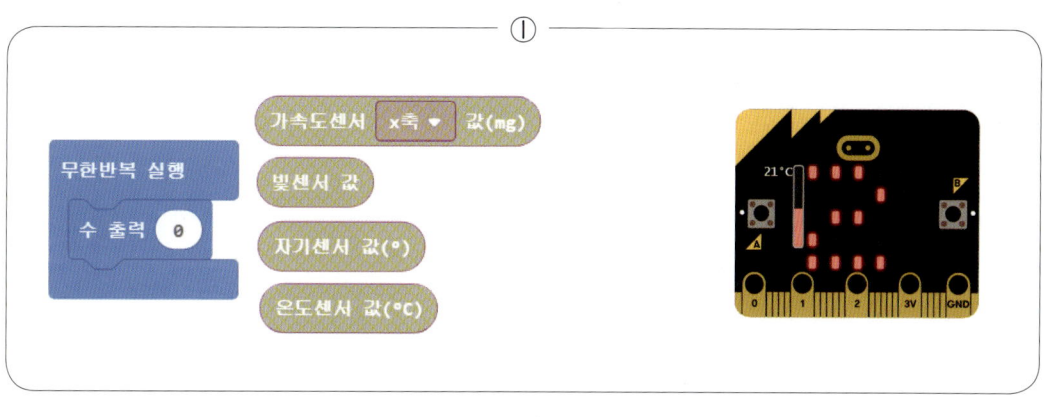

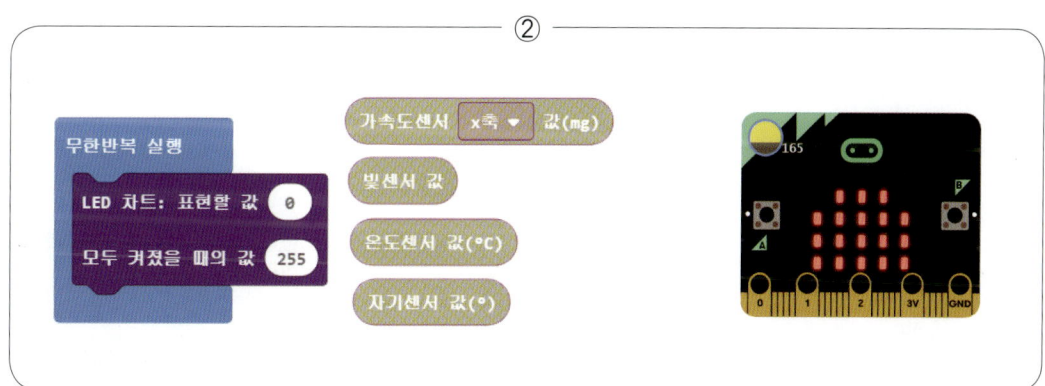

 생각 펼치기 : **아이디어 메이킹**

건강 걸음 수 측정기 만들기

[흔들림 감지하면 실행] 블록과 기본 블록, 변수 블록을 이용하여 걸음수를 측정하는 만보기(pedometer) 프로그램을 만들어 봅시다.

1. 프로그램을 처음 시작하면 숫자 '0'이 나타나게 해봅시다.
2. 움직임(흔들림)을 감지하면 1씩 증가하여 걸음수가 LED 스크린에 나타나도록 해봅시다.
3. A버튼을 누르면 현재 걸음수가 나타나도록 해봅시다(왜 3번의 코드가 필요한지 생각해 봅시다.).
4. B버튼을 누르면 0이 되도록 해봅시다.

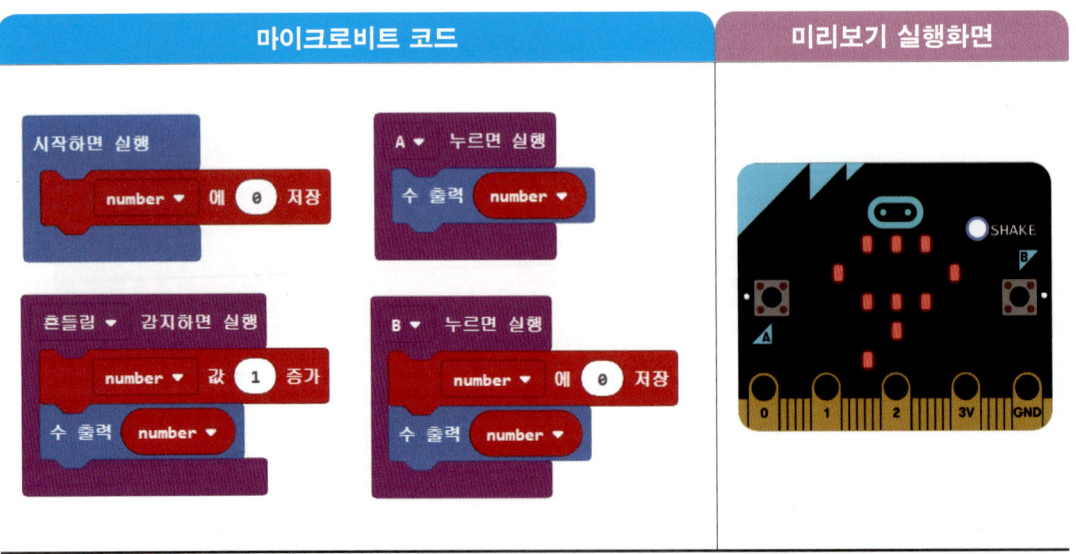

생각 갈무리 / CT 레벨 업

미래 컴퓨터의 입력 장치는 과연 무엇이 될 것인가?

개인용 PC의 대표적인 입력장치인 키보드는 1907년 크리스토퍼 레이섬 숄즈가 쿼티(QWERTY) 키보드를 발명한 이후로 110여 년간 그 자리를 굳건히 지켜왔다. 물론 그 이후 60년이 지나서 키보드의 단짝이 된 마우스와 함께 말이다. 그러나 최근에는 그 입지가 흔들리기 시작했다. 동작을 통한 제어, 음성 인식 그리고 뇌파를 통해 컴퓨터를 제어하는 기술이 개발되기 시작했기 때문이다. 손가락의 움직임으로 컴퓨터를 제어할 수 있게 도와주는 장치인 립모션은 가상현실(VR)기술과 함께 새로운 가능성을 열고 있다. 최근 인공지능과 딥러닝 덕분에 정확도가 높아진 음성인식 기술 또한 키보드의 자리를 넘보고 있다. 차량 내 음성 명령뿐만 아니라 애플의 시리, 구글의 나우 등 모바일 기기의 가상 비서 등에 적용되고 있으며 실시간 통역까지 가능하게 되었다. 마지막으로 뉴로스카이의 EEG 바이오센서를 통해 생각만으로도 컴퓨터에게 명령을 내릴 수 있는 시대가 다가오고 있는 것이다.

◆ 동작을 인식하는 장치나 뇌파를 감지하는 장치 등이 키보드나 마우스를 대체할 수 있을까요?
◆ 미래에 새롭게 개발될 입력 장치는 어떤 것들이 있을까요?

4강 소프트웨어 비트 - 음악 블록

컴퓨터는 자료를 받아 효과적으로 처리한 후 결과 값을 출력합니다. 우리가 알 수 있는 형태로 바꾸어 출력하는 장치를 출력 장치라고 합니다. 우리가 흔히 사용하는 모니터나 스피커가 대표적인 출력 장치에 해당합니다. 모니터는 데이터를 시각화하여 출력하고 스피커는 데이터를 소리로 출력합니다. 마이크로비트의 음악 블록에 대해서 알아보고 간단한 프로그램을 만들어 봅시다.

개요

마이크로비트의 음악 블록의 기능을 알아보자.

준비물

마이크로비트,
5핀 연결 케이블,
악어클립 케이블,
피에조 부저

생각 다지기 : 아이디어 마이닝

블록 탐색하기

1 〔'도' 1박자 출력〕 블록을 알아보자.

 마이크로비트의 P0 핀을 통하여, 원하는 음을 원하는 박자로 출력할 수 있습니다.

···▶ 미니프로젝트

정답 알리미

버튼 블록과 음악블록을 사용하여 퀴즈의 정답을 맞추었을 때 '딩동댕동'을 출력하고, 틀렸을 때 '땡' 소리는 출력하는 정답 알리미 프로그램을 만들어 봅시다. 음악 블록에서 [도, 1박자 출력] 블록을 가져와 원하는 음과 박자를 설정합니다. 여기서 원하는 음을 선택하면 **헤르츠(Hz)** 단위의 숫자가 나타납니다. 1박자는 1,000**밀리초(ms)**, 즉 1초 동안 소리를 낸다는 뜻입니다. 특정 버튼이 눌렸을 때 미리 설정한 소리가 출력되도록 아래와 같이 코딩을 해 봅시다(헤르츠(Hz)-1초 동안 진동하는 횟수를 뜻함 / 밀리초-천분의 1초를 뜻함).

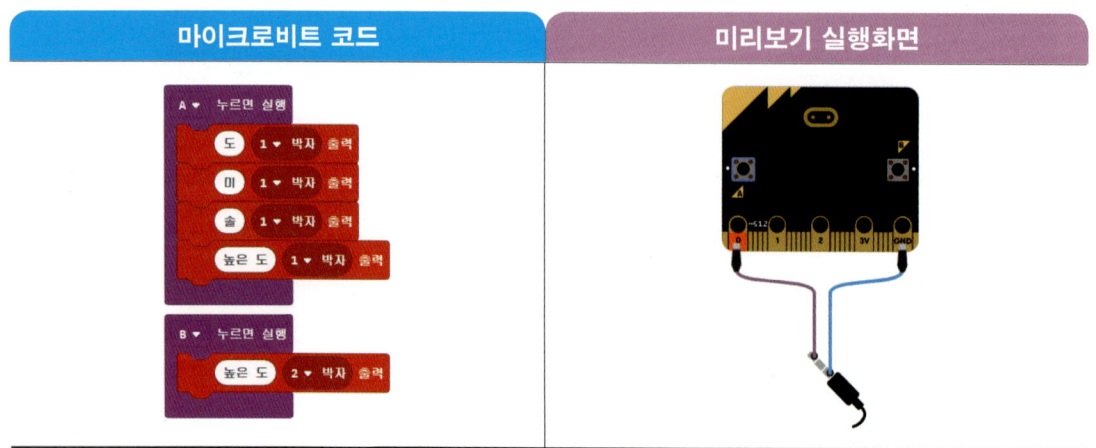

50 | 부 컴퓨팅 비트

2 ['도'(Hz) 출력] 블록을 알아보자.

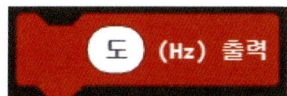

P0 핀을 통해 원하는 주파수(음의 높낮이)의 음을 출력합니다. 출력되는 음은 정지시키기 전까지 계속 출력됩니다.

[도, 1박자 출력] 블록과 [도(Hz) 출력] 블록

[도, 1박자 출력] 블록과 [도(Hz) 출력] 블록을 사용하여 아래와 같이 두 가지로 코딩했을 경우, 어떤 차이점이 있을까요?

① [도, 1박자 출력] 블록의 경우, 원하는 주파수의 음과 지속시간에 해당하는 박자를 동시에 설정할 수 있습니다. 따라서 B버튼을 한 번 누르면 도(c) 음의 진동수 값(512)을 1,000 밀리초(1초) 동안 출력하고 소리가 꺼집니다.

② [도(Hz) 출력] 블록의 경우, 원하는 주파수(음의 높낮이)의 음만 설정할 수 있습니다. 따라서 A버튼을 한 번 누르면 도(c) 음의 진동수 값(512)을 계속해서 출력합니다. 출력되는 음을 정지시키는 명령을 하기 전까지 계속 출력이 됩니다.

3 [1박자(ms) 유지] 블록을 알아보자.

입력한 박자(시간) 동안 특정한 음이 유지되도록 만들어 줍니다.

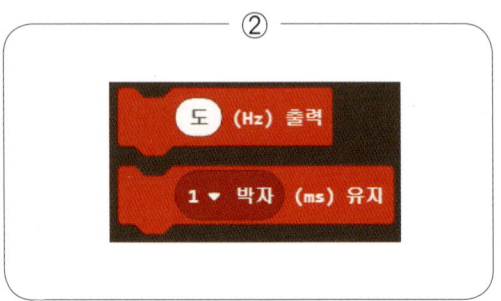

②의 [도(Hz) 출력] 블록과 [1박자(ms) 유지] 블록을 합친 것이 ①의 [도, 1박자 출력] 블록입니다.

4 [다다둠 멜로디 한 번 출력] 블록을 알아보자.

미리 만들어 놓은 멜로디를 원하는 횟수(한 번 또는 무한)만큼 출력할 수 있습니다.

···· 미니프로젝트

배경음악

버튼 블록과 음악 블록을 사용하여 배경음악이 연주되는 동안 효과음을 넣는 프로그램을 만들어 봅시다. 음악 블록에서 [멜로디, 한 번 출력] 블록을 가져와 원하는 효과음과 횟수를 설정합니다. 그리고 [시작하면 실행] 블록과 [멜로디, 한 번 출력] 블록을 연결하고 멜로디가 '백그라운드로 무한 출력'되게 해 봅시다. 그리고 특정 블록을 눌렀을 때 효과음이 출력되게 코드를 만들어 봅시다.

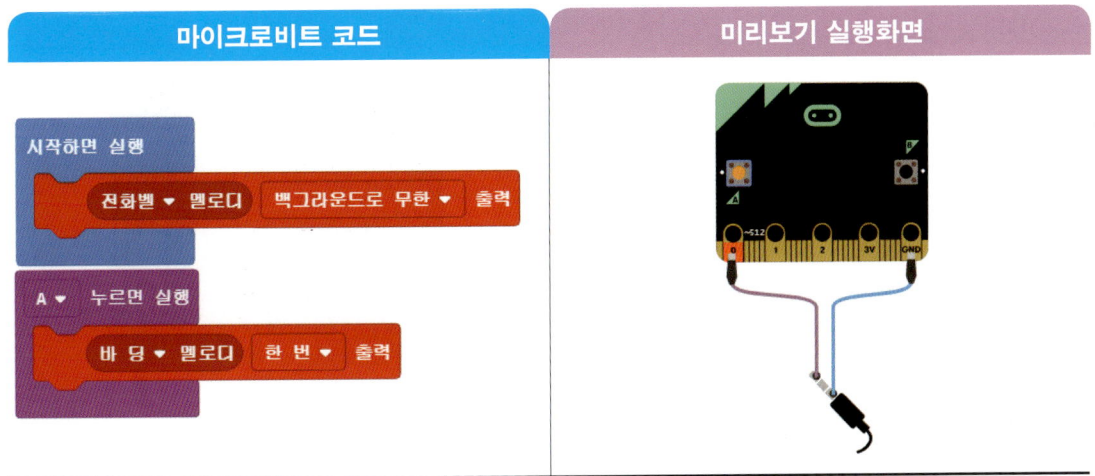

5 〔멜로디 재생 감지하면 실행〕 블록을 알아보자.

'멜로디 재생', '멜로디 시작', '멜로디 종료', '멜로디 반복 재생' 등의 상태가 되면 블록으로 감싸고 있는 명령을 실행합니다. 연결된 블록을 실행합니다.

⋯▶ 미니프로젝트

청각 장애인을 위한 종소리 알림기

청각 장애인을 위하여 종소리가 나면 글자로 바꿔주는 프로그램을 만들어 봅시다. 음악 블록에서 [멜로디, 횟수 출력] 블록을 가져와 학교 종소리와 비슷한 멜로디와 횟수를 설정합니다. 그리고 [소리 이벤트 감지하면 실행] 블록과 [아이콘 출력] 블록을 합쳐서 학교 종소리에 해당하는 멜로디가 실행될 때 적절한 아이콘이 LED 스크린에 출력되도록 만들어 봅시다. 이어서 멜로디가 종료되었을 때 미리 설정한 문자열이 출력되도록 다음과 같이 코드를 만들어 봅시다.

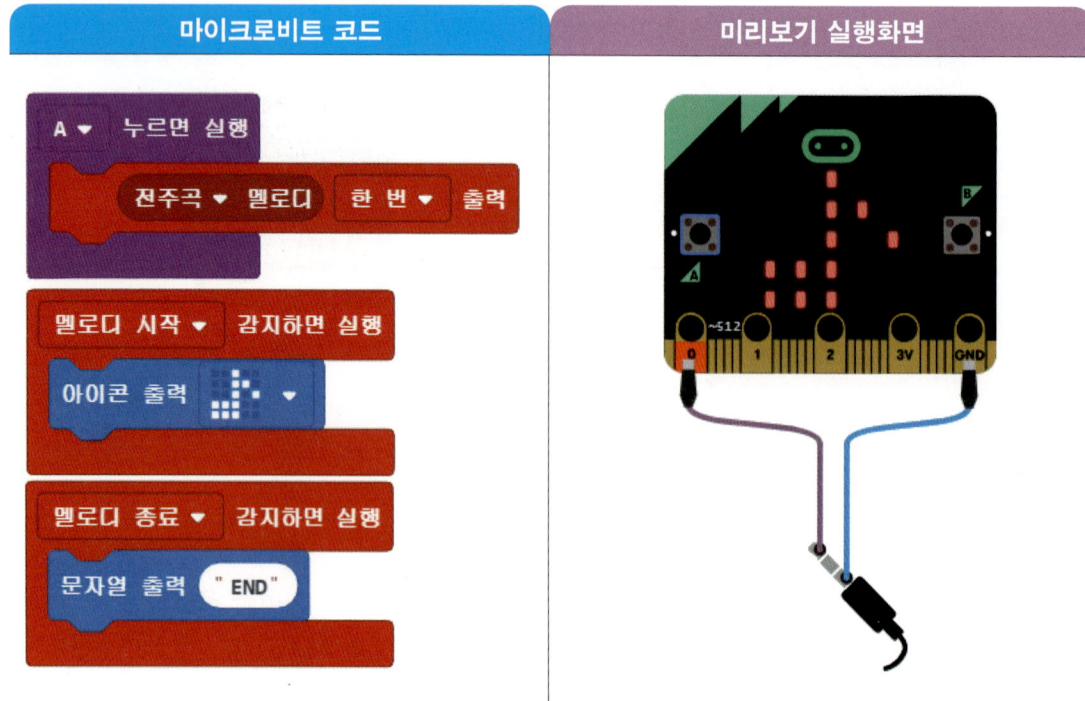

6 그 밖의 음악 블록에 대해 알아보자.

〔음〕 블록

하나의 변숫값으로 음의 진동수를 설정할 수 있습니다.
박자 블록과 함께 배열 블록을 활용하여 원하는 멜로디를 작곡한 후 내장 멜로디처럼 사용할 수 있습니다.

〔박자〕 블록

하나의 변숫값으로 음을 연주할 박자를 설정할 수 있습니다.
다음과 같이 배열 블록을 활용하여 원하는 멜로디를 만들어 사용할 수 있습니다.

TIP 음 블록과 박자 블록과 함께 변수 또는 배열 블록을 활용하여 다양한 방법으로 음악을 출력할 수 있습니다.

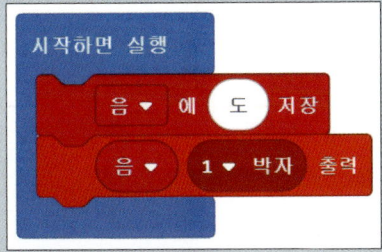

〔음〕이라는 변수를 만들어서 음 블록 '도'를 변숫값으로 저장하여 도 '음'을 1박자 동안 출력하게 할 수 있습니다.
도 '음'의 진동수 값인 정수 262를 〔음〕이라는 변수에 저장하여 변수에 저장된 값을 1박자 동안 출력하면 도 '음'이 출력되는 것을 알 수 있습니다.
이는 음 블록의 각각의 '음'은 진동수, 즉 헤르츠(Hz) 단위의 정수 값이라는 것을 알 수 있습니다.

고급 블록 카테고리에 해당하는 배열(Arrays) 블록을 활용하여 〔멋진 음악〕이라는 변수를 만들어서 3개의 진동수 값(음)을 저장하여 하나의 리스트를 만들 수 있습니다. 여기서 '음'은 진동수, 즉 헤르츠(Hz) 단위의 정수에 해당합니다.

〔현재 빠르기(bpm)〕 블록

현재 빠르기 값을 읽어옵니다. 음이 재생되는 속도는 1분 동안에 출력되는 박자의 개수를 의미합니다. 빠르기 값이 크면 클수록 음악이 더 빨리 재생됩니다.

〔빠르기 변경〕 블록

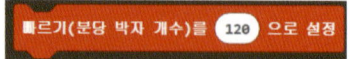

빠르기(bpm, 음악이 연주되는 속도)를 원하는 만큼 더 빠르게 혹은 더 느리게 바꿀 수 있습니다.

〔빠르기 설정〕 블록

빠르기(bpm, 음악이 연주되는 속도)를 원하는 속도로 설정합니다.

〔현재 빠르기(bpm)〕 블록

현재 빠르기 값을 읽어옵니다. 음이 재생되는 속도는 1분 동안에 출력되는 박자의 개수를 의미합니다. 빠르기 값이 크면 클수록 음악이 더 빨리 재생됩니다.

⋯▶ 미니프로젝트

그 밖의 음악 블록을 활용하여 빠르기를 달리하며 멜로디를 출력해 봅시다.

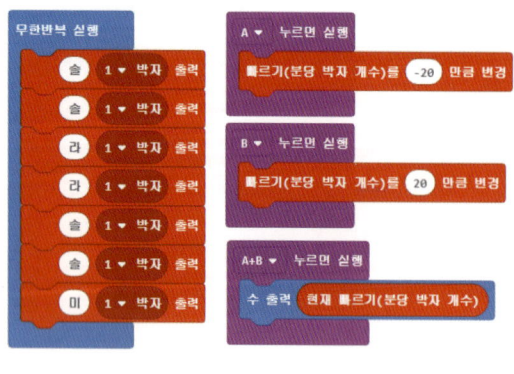
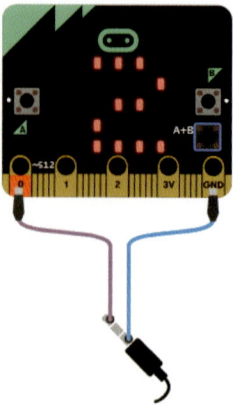

생각 펼치기 : 아이디어 메이킹

피에조 부저 활용하여 뮤직 플레이어 만들기

마이크로비트 자체에는 스피커가 없습니다. 그래서 외부 부품을 활용해야만 합니다. 간단하게 소리를 출력하는 방법에는 2가지가 있습니다. 피에조 부저를 활용하는 방법과 이어폰이나 스피커를 활용하는 것입니다. 피에조 부저보다는 이어폰이나 스피커를 이용하는 것이 음질이나 소리의 크기 면에서 더 좋으므로 환경에 맞춰 사용하기를 바랍니다. 마이크로비트에서는 소리출력은 0번 핀(P0)을 이용합니다.

피에조 부저 활용하기

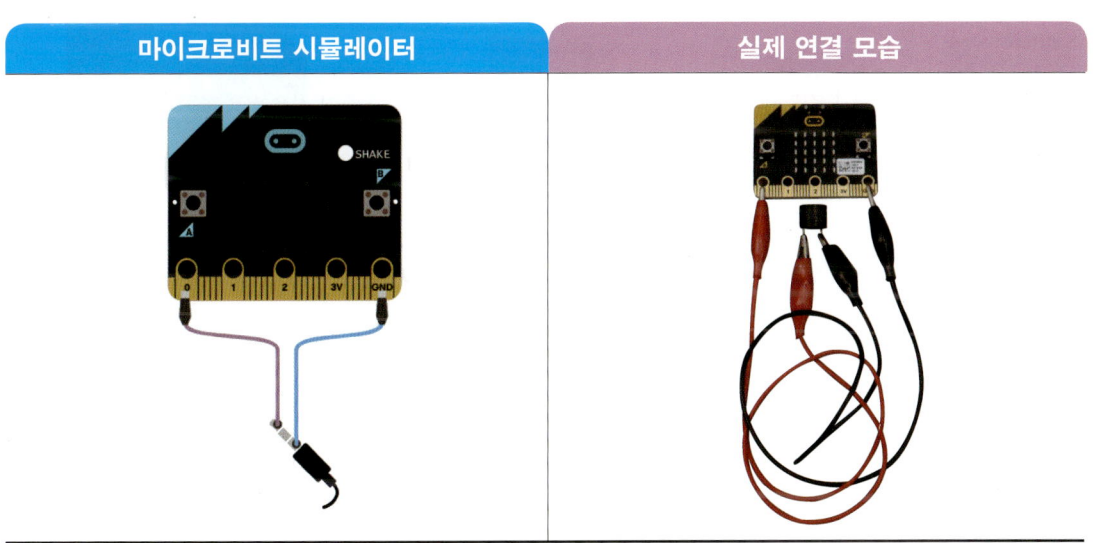

| 마이크로비트 시뮬레이터 | 실제 연결 모습 |

마이크로비트 본체 왼쪽 아래에 있는 P0핀과 피에조 부저의 (+)핀을 악어클립 케이블로 연결합니다. 마이크로비트 본체 오른쪽 아래에 있는 GND핀과 피에조 부저의 (-)핀을 악어클립 케이블로 연결합니다.

5의 배수마다 연주하는 상벌점 계산 프로그램 만들기

여러 가지 블록을 이용하여 버튼을 눌러 숫자를 바꾸고 5의 배수마다 효과음을 연주하는 프로그램을 만들어 봅시다.

1. 프로그램을 처음 시작하면 상점 1점을 받고 시작한다는 의미로 LED 스크린에 숫자 '1'이 출력되도록 만들어 봅시다.
2. 상점을 받으면 A버튼을 눌러서 상점을 추가하고, 벌점을 받으면 B버튼을 눌러서 벌점을 추가하도록 해봅시다.
3. 각 버튼을 눌렀을 때 내가 모은 상벌점이 몇 점인지 LED 스크린에 나타내 봅시다.
4. 상점을 5개 모을 때마다 축하노래가 출력되도록 해봅시다.

생각 갈무리   CT 레벨 업

이제는 컴퓨터가 직접 작곡도 하는 시대!

컴퓨터는 사람의 명령을 차례대로 실행하고 계산을 반복하면서 사람의 능력 밖의 일을 척척해 내어 왔죠. 사람이 도저히 할 수 없는 엄청난 양의 데이터를 처리하면서 우리의 삶을 윤택하게 만들었습니다. 사람의 명령만 실행하던 컴퓨터가 이제는 스스로 학습하고 배우기 시작했습니다. 어느새 인간의 지적 수준까지 따라붙기 시작했는데요. 인공지능(A.I)이 바로 그것입니다. 2016년 구글 딥마인드의 인공지능 바둑 프로그램인 알파고(AlphaGo)는 이세돌 9단에게 4대 1로 승리하면서 세상을 떠들썩하게 만들었습니다. 컴퓨터가 원래 처리 속도가 빠르고 잘 정돈된 알고리즘을 통하여 바둑의 경우의 수를 수백만 번 시뮬레이션해서 사람을 이길 수 있다고 칩시다. 이건 어디까지나 이성(理性)의 분야이니까요. 하지만 이제는 컴퓨터가 도저히 침범하지 못할 것 같은 감성(感性)의 영역에까지 들어오고 있다면 믿으시겠습니까? 또 구글입니다. 구글의 예술 창작 학습 인공지능 알고리즘을 설계하는 '마젠타 프로젝트'인데요. 알파고의 딥마인드와 협력하여 만든 '엔신스(NSynth)'를 통해 1,000여 개의 악기와 30여만 개 음이 담긴 데이터 베이스를 구축하고 인공지능 알고리즘을 통하여 새로운 소리와 음악을 만들어 내는 것입니다. 그리고 단순한 소리를 합성하는 것이 아니라 기존 음악가들이 연주했던 곡을 학습하여 자체 연주곡까지 만들어 냈죠. 궁극적으로 사람들이 좋아하는 소리를 내는 전혀 새로운 악기를 창조하는게 목표랍니다. 곧 있으면 컴퓨터가 만들어낸 음악이 시내 한복판에 울려 퍼지는 날도 오겠죠?
구글의 마젠타 프로젝트가 궁금하면 여기로!! https://magenta.tensorflow.org

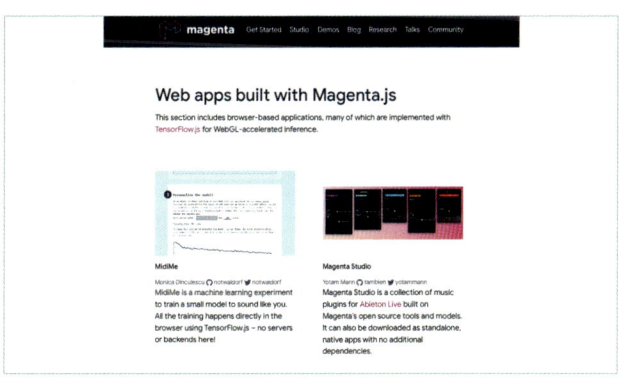

◆ 인공지능에 의해 만들어진 창작물의 저작권은 누구에게 있을까요?

5강 소프트웨어 비트 - LED 블록

우리 주변에는 글자와 그림을 출력하는 전광판을 볼 수 있습니다. 전광판과 같은 원리로 마이크로비트는 5x5 LED 스크린이 앞에 있어 간단한 문자 및 그림을 표현할 수 있습니다. 마이크로비트의 LED 블록에 대하여 알아보고, 마이크로비트의 LED를 이용하여 간단한 프로그램을 만들어 봅시다.

개요
마이크로비트의 LED의 기능을 알아보자.

준비물
마이크로비트,
5핀 연결 케이블,
이어폰(스피커)

# 생각 다지기 : 아이디어 마이닝

마이크로비트 LED 블록

1 LED를 켜고 꺼보자.

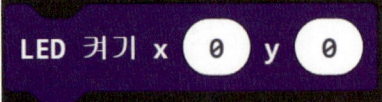 원하는 x, y좌표의 LED를 켤 수 있습니다.

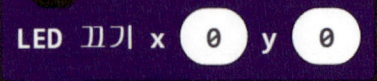 원하는 x, y좌표의 LED를 끌 수 있습니다.

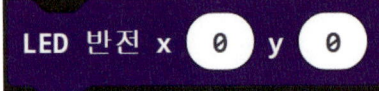 현재 LED 스크린의 상태를 반전시킵니다. 켜져 있는 LED는 꺼지고 꺼져있는 LED는 켜지게 됩니다.

> **TIP** 마이크로비트 LED 좌표
>
>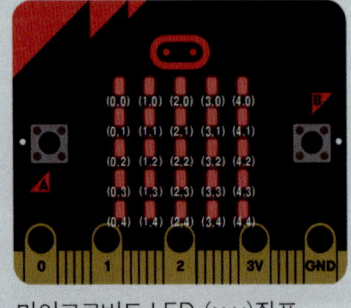
> 마이크로비트 LED (x,y)좌표
>
> | Y \ X | 0 | 1 | 2 | 3 | 4 |
> |---|---|---|---|---|---|
> | 0 | (0,0) | (1,0) | (2,0) | (3,0) | (4,0) |
> | 1 | (0,1) | (1,1) | (2,1) | (3,1) | (4,1) |
> | 2 | (0,2) | (1,2) | (2,2) | (3,2) | (4,2) |
> | 3 | (0,3) | (1,3) | (2,3) | (3,3) | (4,3) |
> | 4 | (0,4) | (1,4) | (2,4) | (3,4) | (4,4) |
>
> 가로(X), 세로(Y)의 위치에 따라 0~4까지의 수로 나타냅니다.

···› 미니프로젝트
원하는 위치의 LED 켜기

(2, 3)위치의 LED를 켜보자. [LED 켜기] 블록을 이용하여 여러 개의 LED도 켤 수 있습니다.

작은 X 모양 LED 만들기

X 모양의 LED를 출력한 후 가장자리의 LED를 꺼 작은 X 모양을 만들어 봅시다.

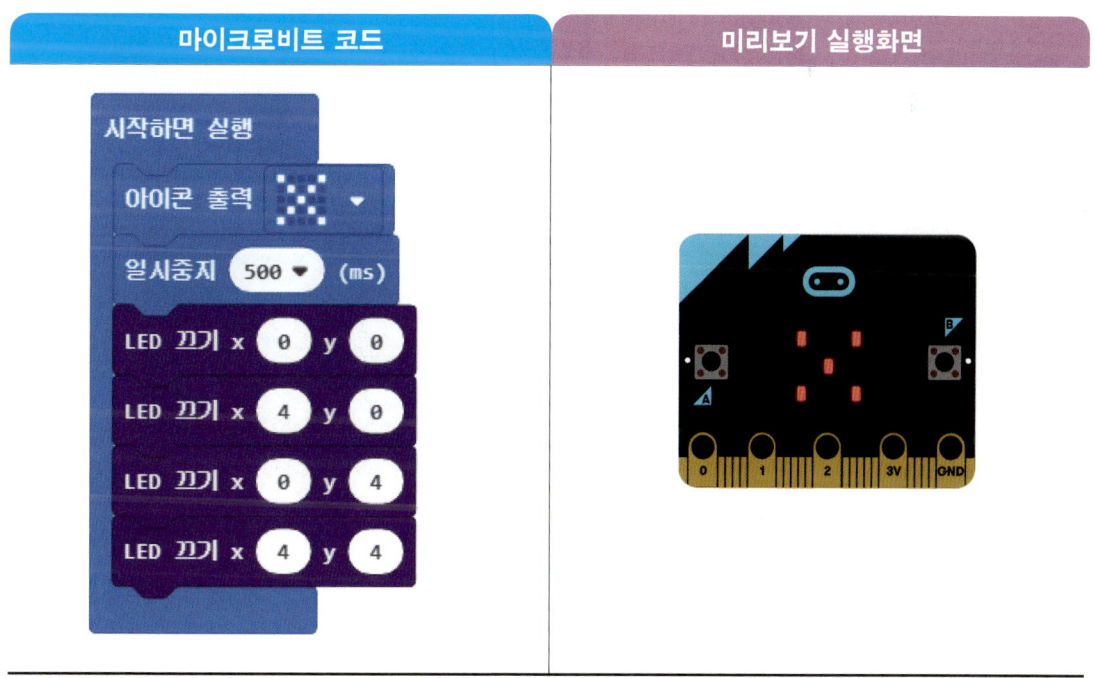

LED 반전하기

X 모양의 아이콘을 출력한 다음 좌표(2,2)의 LED를 반전시키면 좌표(2,2)의 LED만 꺼지게 되고 나머지 좌표의 LED는 켜집니다.

X모양 LED 만들기

x, y1, y2 등 3개의 변수를 만들어 LED의 x, y좌푯값을 정해 X 모양의 LED를 켜봅시다. 반복 블록을 사용하고 일시중지(500ms)를 넣어 순차적으로 LED가 켜지는 코드를 만들어 봅시다.

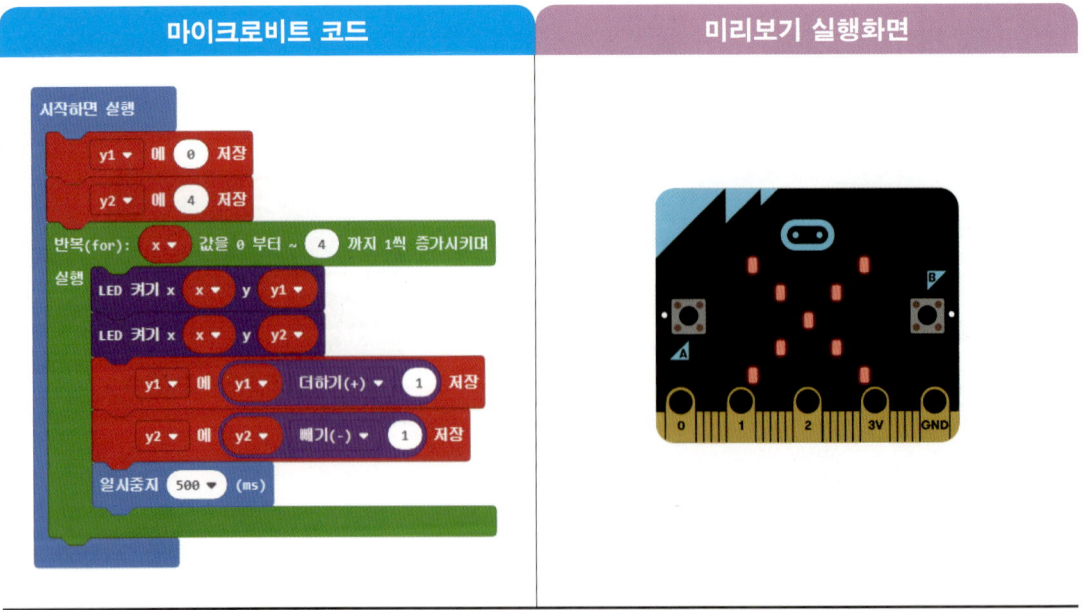

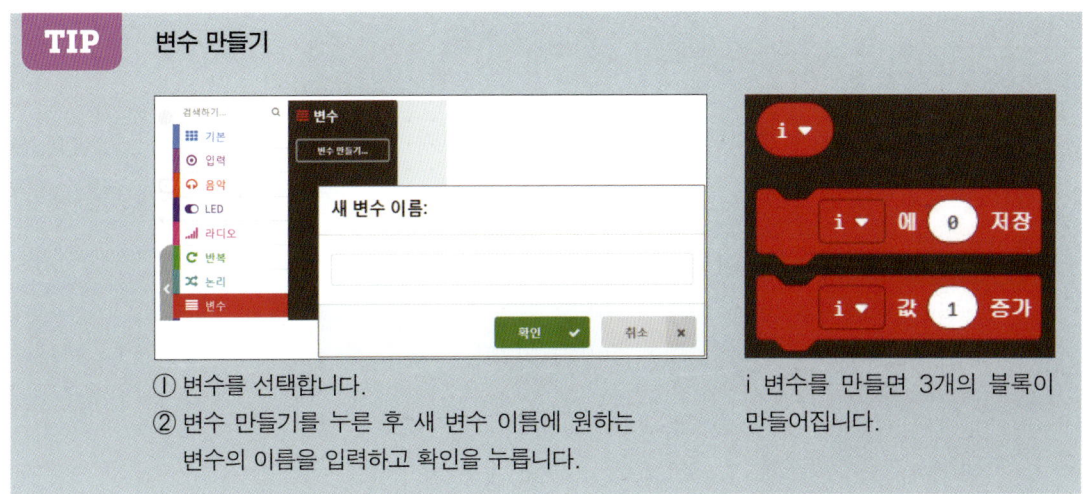

2 LED 상태 블록에 대해 알아보자.

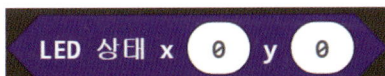

LED 스크린에 특정 LED가 켜져 있는지 꺼져 있는지에 따라 참/거짓의 값을 주어집니다. LED가 켜져 있으면 참, 꺼져 있으면 거짓 값을 갖게 됩니다.

LED 상태 블록

좌표(0, 0)의 LED가 켜져 있을 경우 좌표(1, 1)의 LED도 켜지는 코드입니다.

5강 소프트웨어 비트 – LED 블록

···▶ 미니프로젝트

하트모양 색 바꾸기

작은 하트모양의 아이콘을 출력한 후 전체 LED를 반전시켜 봅시다. 전체를 반전시키는 블록은 없어 자바스크립트에서 LED 반전 블록을 변경하여 전체를 반전시킬 수 있는 블록을 만듭니다.

자바스크립트에서 블록 바꾸기

① 하트모양 색 바꾸기에 필요한 블록을 가져옵니다.

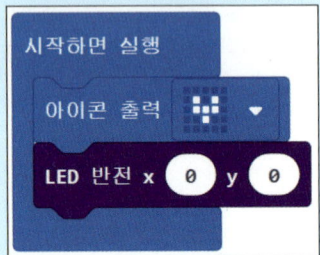

② 화면 중앙에서 [블록 | JavaScript] 자바스크립트를 선택합니다.

③ 2번 열의 led.toggle(0,0)을 지우고 led.toggleAll()를 입력해 줍니다.

④ 다시 화면 중앙에서 [블록 | JavaScript] 블록을 선택하면 모든 LED를 반전시키는 블록으로 바뀐 것을 확인할 수 있습니다.

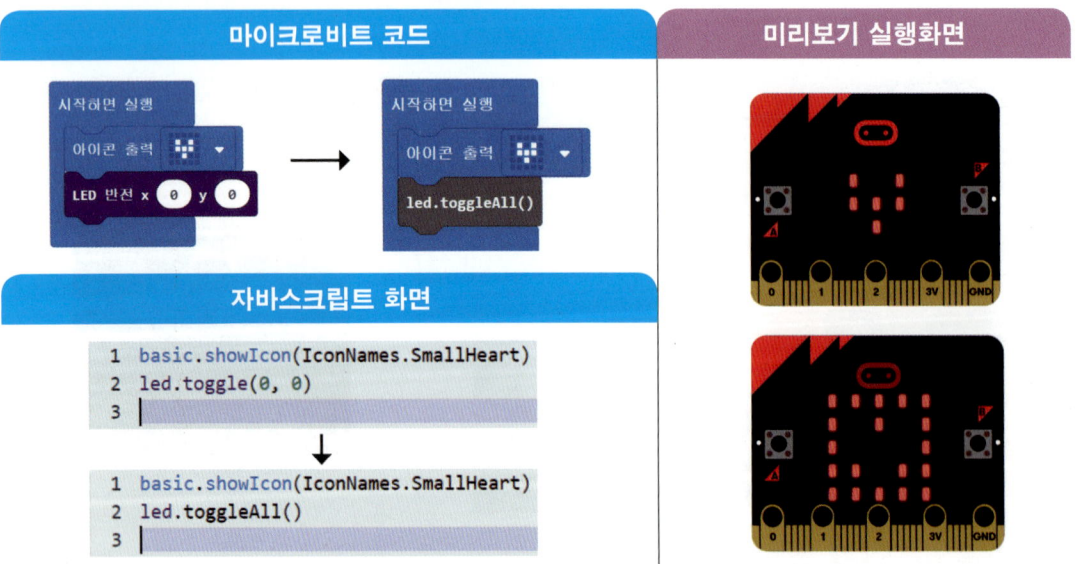

3 LED 그래프

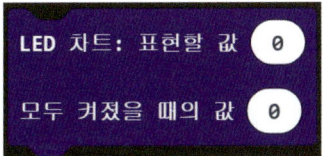

원하는 값을 LED에 그래프 형태로 출력합니다. LED 그래프는 특정 값과 가능한 최댓값의 비율을 이용해 그래프 형태로 표현할 수 있는 블록입니다.

···▸ 미니프로젝트
온도측정기 만들기

마이크로비트의 온도 센서로 온도를 측정하여 현재의 온도를 LED 그래프로 나타내 봅시다. 온도가 30℃보다 높을 경우에는 음악 블록을 사용하여 멜로디가 출력되는 프로그램을 만들어 봅시다. 온도값이 '모두 커졌을 때의 값(최댓값)'을 50으로 설정하면 온도가 21℃일 경우 25개 중 11개의 LED가 켜진 것을 확인할 수 있다. 온도를 올리면 켜지는 LED의 수가 많아지고 30℃가 넘어가면 멜로디가 출력됩니다.

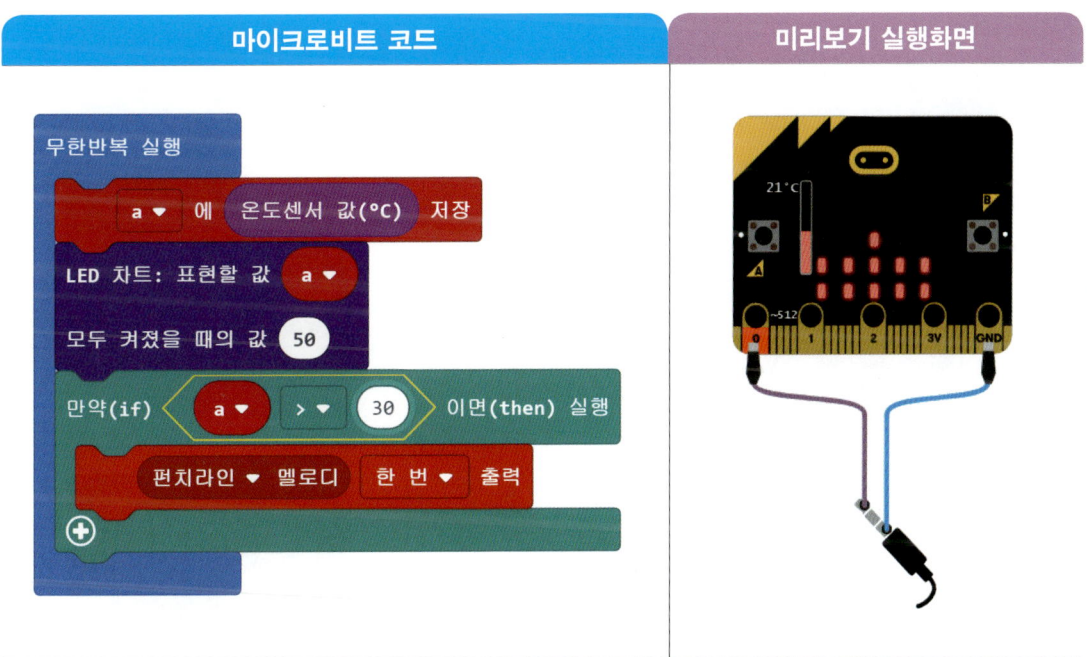

4 LED의 밝기를 조절해 보자.

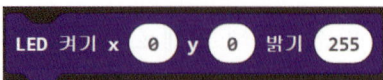 특정 좌표의 LED의 밝기를 설정하는 블록입니다. 밝기의 범위는 0~255까지 입니다.

LED 스크린 밝기 LED 스크린의 밝기 설정값을 읽어오는 블록입니다.

 LED 스크린의 밝기를 설정합니다. 0~255까지의 범위로 밝기를 설정할 수 있습니다.

⋯▸ 미니프로젝트

LED 스크린 밝기 바꾸기

LED 스크린은 0~255 범위에서 스크린 전체 밝기를 설정 가능합니다.

···▶ 미니프로젝트
LED 그라데이션 만들기

LED의 밝기는 0~255값까지 설정이 가능하고 수가 커질수록 LED의 밝기는 밝아집니다.

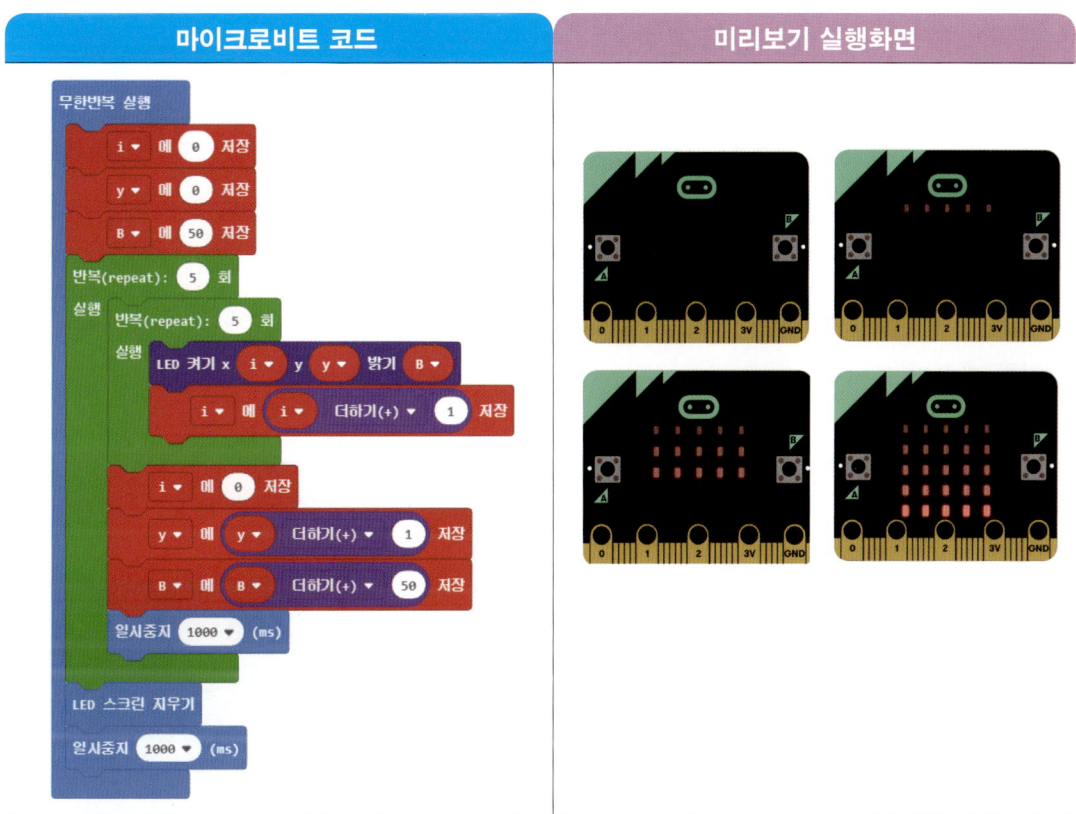

5 그 밖의 LED 블록

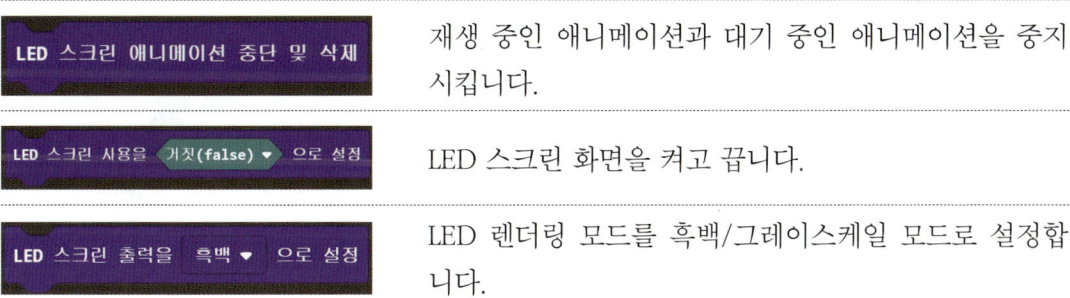

생각 펼치기 : LED 블록을 이용한 프로그램 코딩

빛 감지기 프로그램 만들기

LED 그래프, LED 상태 블록을 이용하여 빛 감지기 프로그램을 만들어 봅시다. 빛 센서 값을 변수 i에 저장하고 변숫값으로 LED 스크린의 밝기와 LED그래프의 값으로 활용합니다. 빛 센서 값에 따라 LED 스크린의 밝기와 LED 그래프의 모양으로 빛의 양을 확인할 수 있습니다. 또한 LED 좌표 (2,1)값에 LED가 켜질 정도의 빛 센서 값을 받으면 멜로디가 연주되는 빛 감지기를 만들어 봅시다.

마이크로비트 코드	미리보기 실행화면
무한반복 실행 i ▼ 에 빛센서 값 저장 LED 스크린 밝기를 i ▼ 로 설정 LED 차트: 표현할 값 i ▼ 모두 켜졌을 때의 값 255 만약(if) LED 상태 x 2 y 1 이면(then) 실행 전원 켜는 ▼ 멜로디 한 번 ▼ 출력 일시중지 2000 ▼ (ms)	(마이크로비트 이미지: 155, ~512)

생각 갈무리　　CT 레벨 업

피지컬 컴퓨팅과 미디어아트

현대에 이르러서는 거의 모든 분야에 ICT 기술이 적용되고 있으며, 심지어 예술 분야까지 융합적인 요소가 적용되어 예술인들도 ICT의 기술을 직접 다루어 자신의 창조적인 예술 작품을 만들고 있다. 2005년에 마시모 반지(Massimo Banzi) 교수는 예술과 IT의 융합에 필요한 아두이노를 탄생시켰다.

리틀 선(Little Sun), 2012.
올라퍼 엘리아슨 ⓒ 올라퍼 엘리아슨

최근 올라퍼 엘리아슨이란 아티스트가 실험적이고 충격적인 조명작업으로 유명하다. 올라퍼 엘리아슨의 갤러리에서는 밤에 특별한 이벤트를 한다. 밤에는 갤러리의 불을 모두 끄는 것이다. 갤러리의 작품을 보기 위해서는 'Little Sun'이란 작은 램프를 구입해야 하고 그 램프의 빛으로 미술관의 작품을 감상할 수 있다. 그가 디자인한 'Little Sun'은 태양광을 모아 두었다가 전구로 사용할 수 있는 기술을 이용한 새로운 미디어아트 작품이면서 빛과 에너지가 없는 곳에 살고 있는 전 세계의 1/5인 16억 명의 빛이 되어주고 있으며 전 세계적인 에너지 고갈과 빛의 대한 중요성을 재조명해준다.

◆ 마이크로비트의 LED로 표현할 수 있는 예술작품을 생각해 봅시다.

6강 소프트웨어 비트 - 라디오 블록

마이크로비트는 라디오 통신으로 마이크로비트끼리 정보를 주고받을 수 있습니다. 라디오 통신을 통해 간단한 문자나 아이콘의 전송이 가능하며 마이크로비트의 센서값도 받아 전송할 수가 있습니다. 이런 마이크로비트의 통신을 할 수 있는 라디오 블록에 대하여 알아보고, 마이크로비트를 이용한 간단한 프로그램을 만들어 봅시다.

개요
마이크로비트의 라디오 블록의 기능을 알아보자.

준비물
마이크로비트,
5핀 연결 케이블

 생각 다지기 : **아이디어 마이닝**

마이크로비트 라디오 블록

1 라디오 통신이란?

마이크로비트는 간단한 무선통신을 하기 위해 라디오 통신 방식을 제공합니다. 라디오통신은 라디오 방송국에서 전파를 쏘는 것처럼 전송역할을 하는 마이크로비트와 정보를 무선으로 받아 방송을 들을 수 있는 수신역할의 마이크로비트가 있습니다. 한 대의 마이크로비트에서 신호를 보내면 여러 개의 마이크로비트에서 신호를 받아 처리할 수 있습니다.

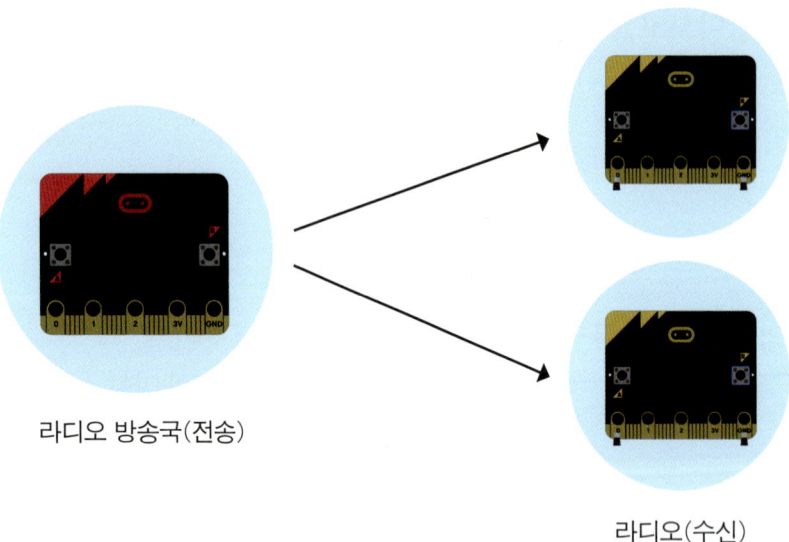

라디오 방송국(전송)

라디오(수신)

2 [그룹설정] 블록

마이크로비트로 라디오 기능을 활용하기 위해서는 전송하는 마이크로비트와 수신하는 마이크로비트가 같은 그룹에 있어야 합니다. 0~255까지의 수 중 선택하여 그룹을 같게 설정합니다.

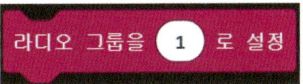
라디오 그룹을 설정합니다. 마이크로비트는 1개의 그룹으로만 작동합니다. 마이크로비트가 서로 통신을 하기 위해서는 같은 그룹으로 설정해야 합니다.

3 〔수 전송〕 블록

같은 라디오 그룹에 연결된 모든 마이크로비트에 수를 전송합니다.

라디오 신호로 수를 받았을 때 블록 안의 코드를 실행합니다.

⋯▶ 미니프로젝트

하트모양 전송하기

전송, 수신 마이크로비트의 그룹을 61로 설정합니다. 전송 마이크로비트는 1을 전송하며 하트모양의 LED를 출력합니다. 수신한 마이크로비트는 조건문으로 1을 수신하면 아이콘 출력에 있는 하트모양 LED를 출력하도록 만듭니다(그룹은 0~255까지 숫자 중에서 선택이 가능합니다.).

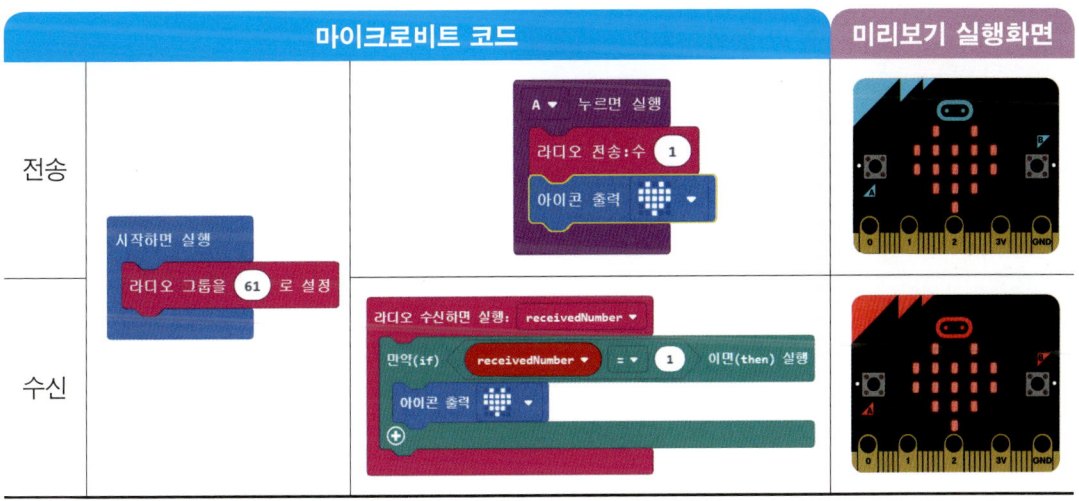

4 (문자열 전송) 블록

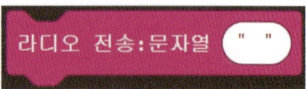
같은 라디오 그룹에 연결된 모든 마이크로비트에 문자열, 시리얼번호, 시간을 전송합니다.

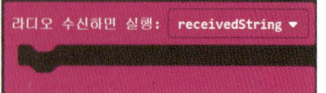
라디오 신호로 문자열을 받았을 때 감싸고 있는 코드를 실행합니다.

···▶ 미니프로젝트

라디오 기능으로 인사하기

전송, 수신 마이크로비트의 그룹을 같은 수로 설정합니다. 전송 마이크로비트에서 "Hi" 문자열을 전송하며 LED로 문자열을 출력합니다. 수신 마이크로비트에서는 수신한 문자열이 LED로 출력되도록 코드를 만들어 봅시다.

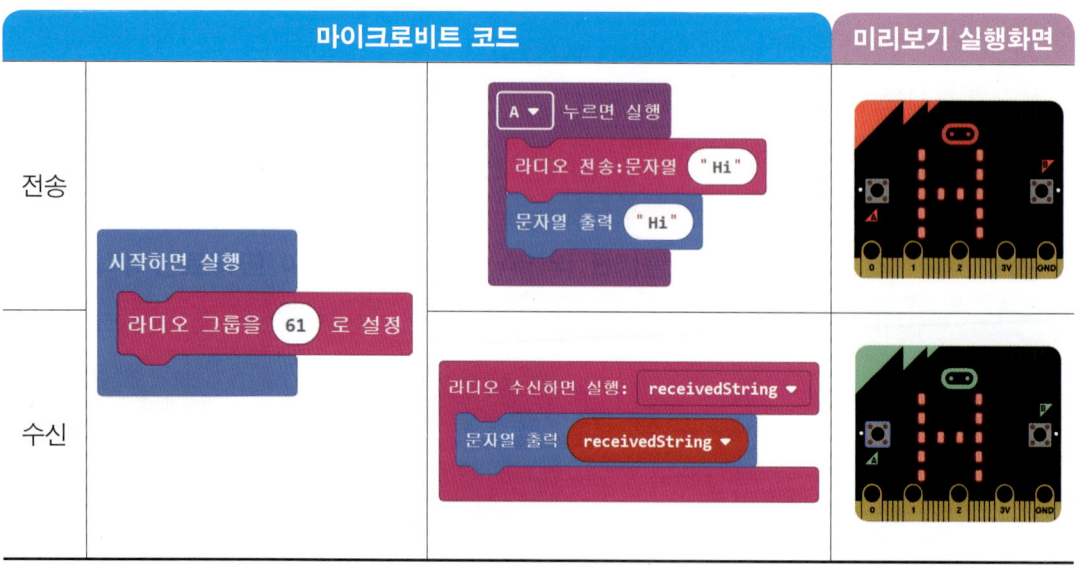

5 〔변숫값 전송〕 블록

같은 라디오 그룹에 연결된 모든 마이크로비트에 문자열과 수를 함께 묶어 전송합니다. 문자열의 최대 길이는 8개입니다.

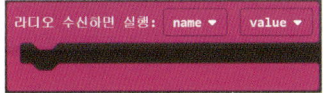
라디오를 통해 변수와 값을 수신했을 때 감싸고 있는 코드를 실행합니다.

⋯▶ 미니프로젝트
계수기(카운터) 만들기

전송, 수신 마이크로비트의 그룹을 61로 설정합니다. 전송 마이크로비트에서 A버튼을 누를 때마다 수가 1씩 커지고 "number"의 변숫값도 같이 전송합니다. 수신 마이크로비트에서는 name으로 수신된 number와 value로 수신된 1을 LED로 출력합니다. 최종 출력은 "number 1"로 출력되며 전송 마이크로비트에서 A버튼을 누르면 1씩 커진 숫자가 출력되도록 코드를 만들어 봅시다.

6 그 밖의 라디오 블록

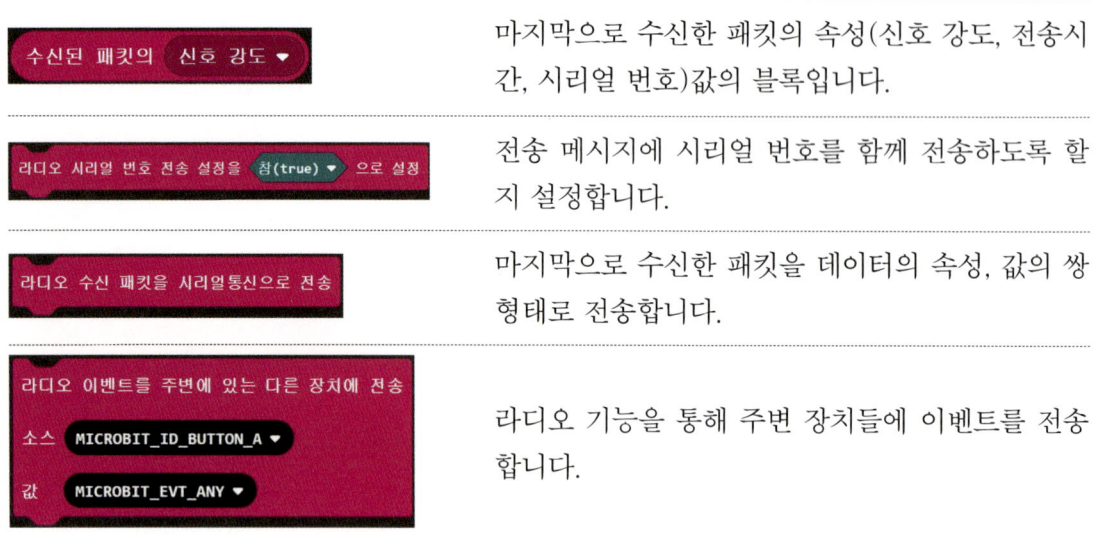

┈▶ 미니프로젝트
시리얼 번호 확인하기

수신된 패킷의 시리얼 번호를 확인할 수 있도록 코드를 만들어 봅시다. 수신된 시리얼 번호를 확인하기 위해서는 [라디오 시리얼 번호 전송 설정을 참으로 설정] 블록을 사용해야 합니다.

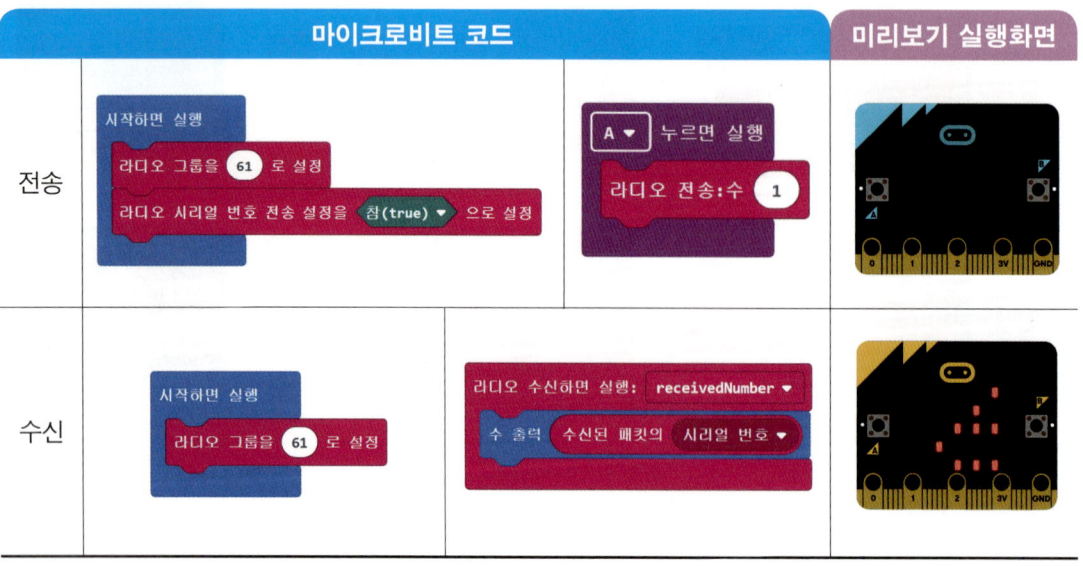

 **생각 펼치기 : 라디오 블록을 이용한 프로그램 코딩**

원격으로 온도와 밝기 확인하기

● 마이크로비트의 온도 센서와 빛 센서를 이용하여 방의 온도와 밝기를 측정하여 봅시다.
● 온도와 밝기를 측정한 값을 방 밖에서 확인할 수 있는 방법도 생각해 봅시다.
● 마이크로비트로 방의 온도와 밝기를 측정한 값을 방 밖의 마이크로비트에 전송할 수 있는 방법을 생각해 봅시다.

1 방 밖의 마이크로비트 코드

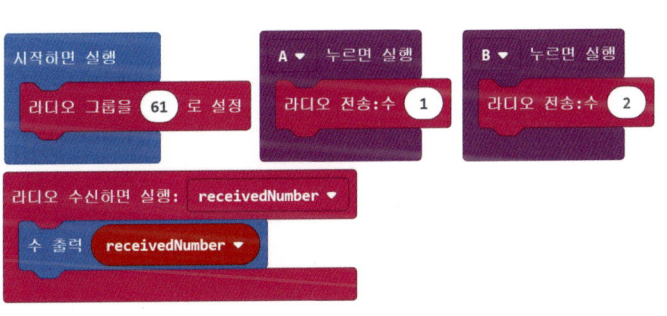

- 그룹은 61로 맞춘다.
- A버튼을 누르면 온도를 확인하기 위해 숫자 1을 전송한다.
- B버튼을 누르면 밝기를 확인하기 위해 숫자 2를 전송한다.
- 방 안의 마이크로비트로부터 받은 값을 LED로 출력하여 온도나 밝기를 확인한다.

2 방 안의 마이크로비트 코드

- 그룹은 61로 맞춘다.
- 온도 센서 값을 변수 temp에 저장한다.
- 빛 센서 값을 변수 light에 저장한다.
- 방 밖의 마이크로비트에서 1 값을 받으면 temp 변수에 저장된 값을 방 밖의 마이크로비트에 전송하고 LED에 temp값을 출력한다.
- 빛 센서 값도 마찬가지로 방 밖의 마이크로비트에서 2값을 받으면 light 변수에 저장된 값을 방 밖의 마이크로비트에 전송하고 LED에 light값을 출력한다.

생각 갈무리 **CT 레벨 업**

사물인터넷(IoT; Internet of Things)

집에 있는 전자기기가 모두 인터넷으로 서로 연결이 되어 있으면 삶이 얼마나 바뀔까? 텔레비전, 냉장고, 세탁기, 모든 전자기기가 서로 연결돼 통신을 하는 세상이 와서 손가락 하나만 까딱해도 모든 것을 마음대로 조정할 수 있다면 얼마나 편할지 상상해보자. 이처럼 모든 사물이 인터넷에 연결돼 서로의 정보를 공유하며 원격으로 조정을 가능하게 해주는 기술이 바로 사물인터넷이다. 사물인터넷의 구동 과정은 3단계로 나눌 수 있다. 먼저 정보를 수집하고, 수집된 정보를 빠르게 전송하고, 이를 가공해 사용자에게 제공하는 것이다.

사물인터넷으로 가장 주목 받고 있는 서비스는 바로 스마트홈이다. 앞에서 이야기 한 것처럼 집안에 있는 모든 가전제품을 하나의 통신망으로 연결해 관리하는 것을 말한다. 예를 들어 일을 마치고 퇴근 하는 길에 스마트폰을 이용하여 집의 난방시스템에 연결하여 미리 방의 온도를 따뜻하게 올릴 수 있도록 지시하는 것이 바로 스마트홈 서비스이다.

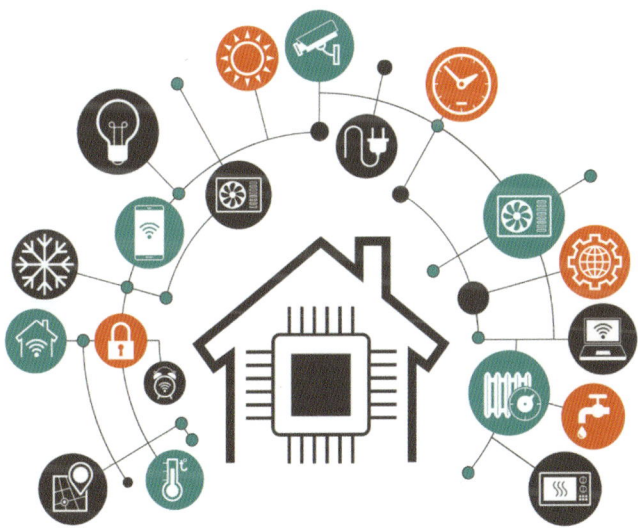

◆ 우리 주변에서 이미 많이 사용되고 있는 사물인터넷의 사례를 찾아보세요.
◆ 모든 사물이 서로 하나의 통신망으로 연결되어 있을 때의 문제점을 생각해봅시다.

7강 소프트웨어 비트 - 반복 블록

똑같은 일을 반복해서 해야 한다면 여러분은 어떤 기분일까요? 아마 짜증 나겠죠? 같은 일을 반복해서 하는 것은 사람에게는 가장 짜증나는 일이지만 컴퓨터에게는 쉽고 잘하는 일입니다. 일정한 절차를 프로그램으로 코딩하면 내가 원하는 만큼 컴퓨터는 계속해서 일을 하는 것입니다. 그렇다면 마이크로비트는 어떠한 방법으로 반복을 시킬 수 있을지 알아보고, 마이크로비트를 이용한 간단한 프로그램을 만들어 봅시다.

개요

마이크로비트의 반복 블록의 기능을 알아보자.

준비물

마이크로비트,
5핀 연결 케이블

 생각 다지기 : **아이디어 마이닝**

마이크로비트 반복 블록

반복(repeat): 4 회
실행

반복(while): 참(true) 인 동안
실행

반복(for): index 값을 0 부터 ~ 4 까지 1씩 증가시키며
실행

반복(foreach): value 값을 list 의 각 값으로 바꿔가며
실행

반복 블록 탭에서는 반복 횟수를 선택할 수 있는 횟수반복(repeat) 블록과 불(참/거짓)조건 동안 반복할 수 있는 조건반복(while) 블록, 변숫값을 증가시키며 반복하는 for 블록, 리스트에 저장된 값을 하나씩 불러와 반복하는 foreach 블록 등이 있습니다. 블록을 하나하나 살펴봅시다.

반복 블록 탐색하기

1 〔횟수반복(repeat)〕 블록을 알아보자.

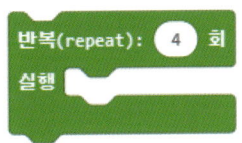

원하는 횟수만큼 블록 안의 코드를 반복 실행할 때 사용합니다.

···▶ 미니프로젝트

두근거리는 심장 만들기

기본 블록에서 아이콘 출력 블록과 일시중지 블록을 사용하여 두근거리는 심장을 표현해 봅시다. 아이콘 출력 블록에서 1번 하트 블록과 2번 작은 하트 블록을 가져옵니다. 일시 중지 블록의 시간을 500ms(약 0.5초)로 변경하여 아래와 같이 코드를 만들어 봅시다.

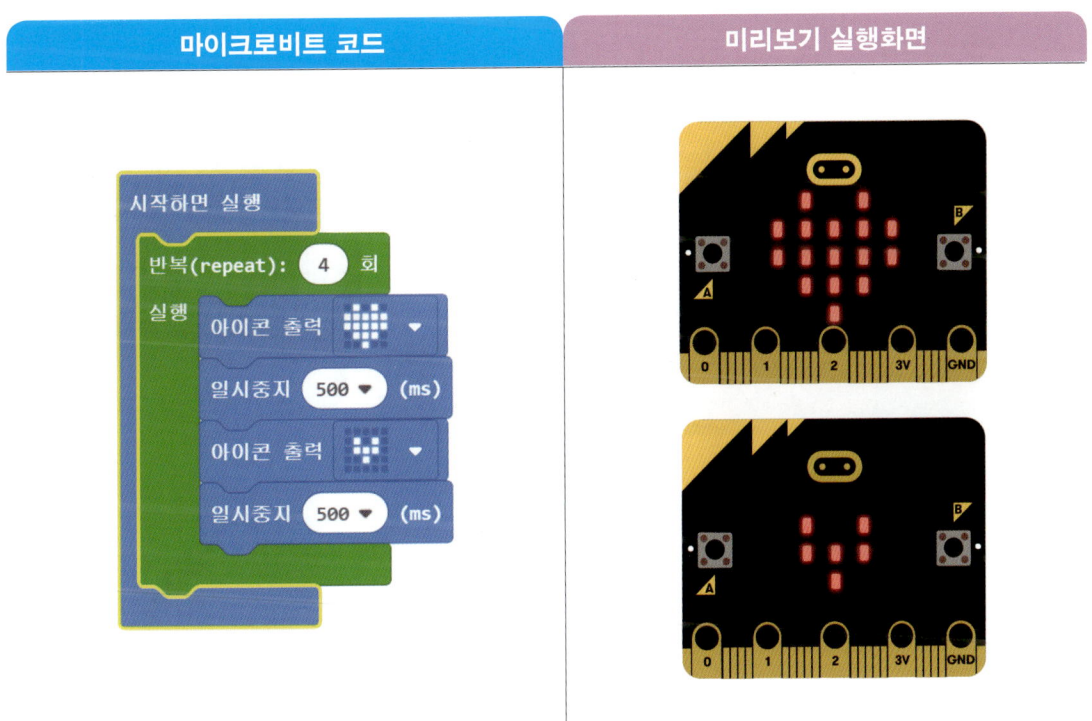

2 [조건반복(while)] 블록을 알아보자.

주어진 조건이 참 또는 거짓인 동안 블록 안의 코드를 반복해서 실행합니다.

⋯▶ 미니프로젝트

초인종 만들기

[반복(while): 참인 동안 실행] 블록과 입력 블록, 음악 블록을 활용하면 간단한 초인종을 만들 수 있습니다. A버튼이 눌렀을 때, 멜로디를 한 번 출력하고 LED 화면은 아이콘 출력 5번 행복함 블록을 가져와서 연결합니다. [반복(while): A 눌림 상태인 동안]과 같이 조건반복문이기 때문에 [무한반복 실행] 블록으로 감싸주어야 합니다. 버튼이 눌려있지 않을 때에는 [LED 스크린 지우기] 블록을 사용하여 LED 출력을 지웁니다.

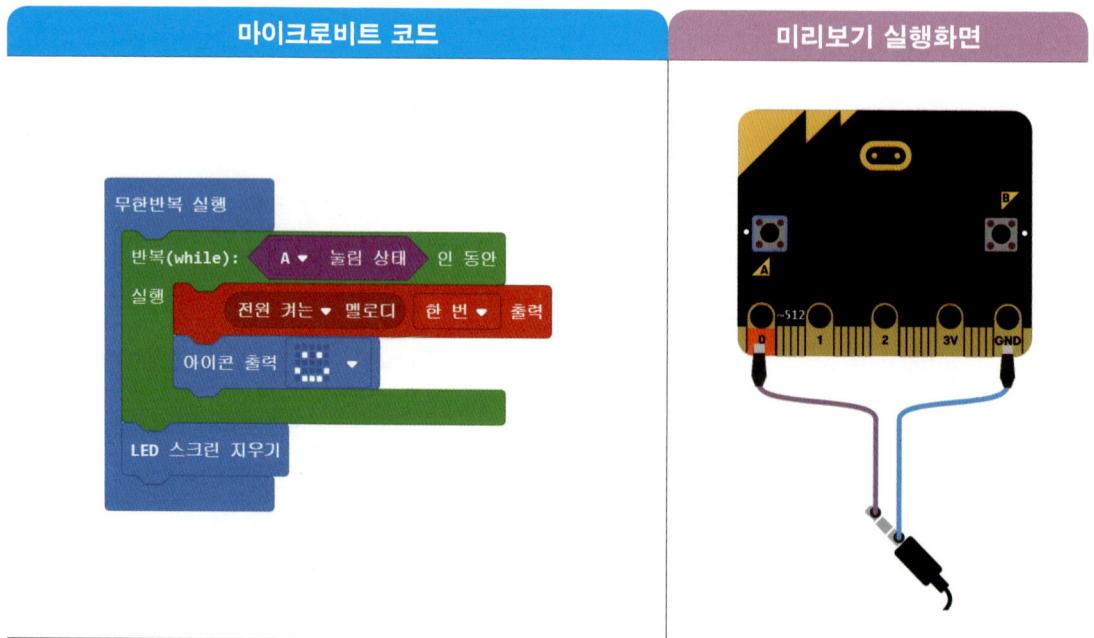

3 (for) 블록을 알아보자.

![for 블록 이미지]

index 변수의 값을 1씩 증가시키며 원하는 횟수만큼 블록 안의 코드를 반복 실행할 때 사용합니다.

⋯▶ 미니프로젝트

초시계 만들기

[for] 블록과 [index 변수] 블록, [더하기] 블록을 이용하여 30초를 측정할 수 있는 초시계를 만들어 봅시다.

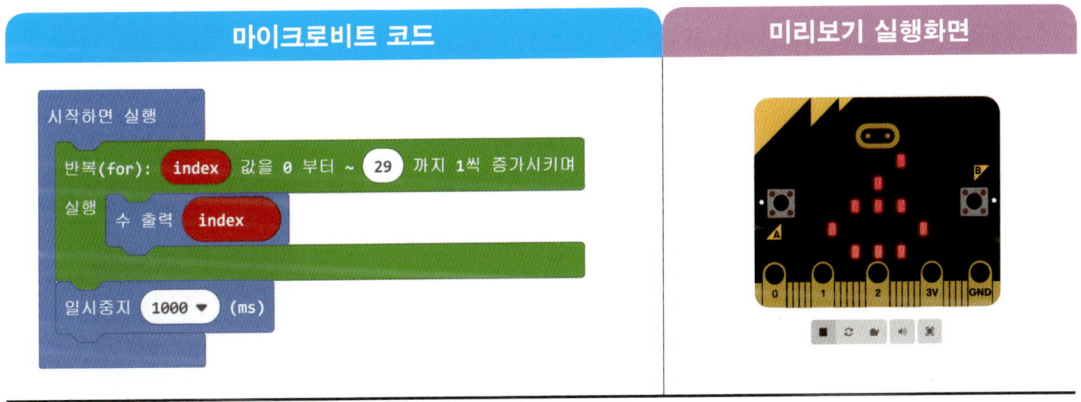

4 [foreach] 블록을 알아보자.

value 변수와 리스트를 사용하여 리스트 범위 안의 값을 비교하며 블록 안의 코드를 반복 실행할 때 사용합니다.

···▶ 미니프로젝트

가우스 덧셈 계산 만들기

리스트와 변수, [더하기] 블록을 이용하여 1~10까지 숫자를 모두 더하는 가우스 덧셈 계산을 만들어 봅시다.

가우스 덧셈 계산이란 연속한 자연수의 합을 빠르게 계산하는 방법입니다. 1부터 100까지의 합을 구할 때를 생각해 봅시다. 1부터 100까지의 수를 쓴 후, 그 아래 100부터 1까지의 수를 써서 각 열을 더하면 101이 100개가 생깁니다. 101×100=10,100이고 이 결과는 1부터 100까지를 두 번 더한 결과입니다. 10,100을 2로 나누면 5,050이라는 답을 구할 수 있습니다. 리스트와 [foreach] 블록을 이용하여 1~10까지 숫자를 더하는 프로그램을 만들어 봅시다.

생각 펼치기 : 아이디어 메이킹

큰 수 찾기 프로그램 만들기

[foreach] 블록과 [배열] 블록과 [변수] 블록, [if] 블록을 이용하여 주어진 범위에서 가장 큰 수를 찾는 프로그램을 만들어 봅시다.

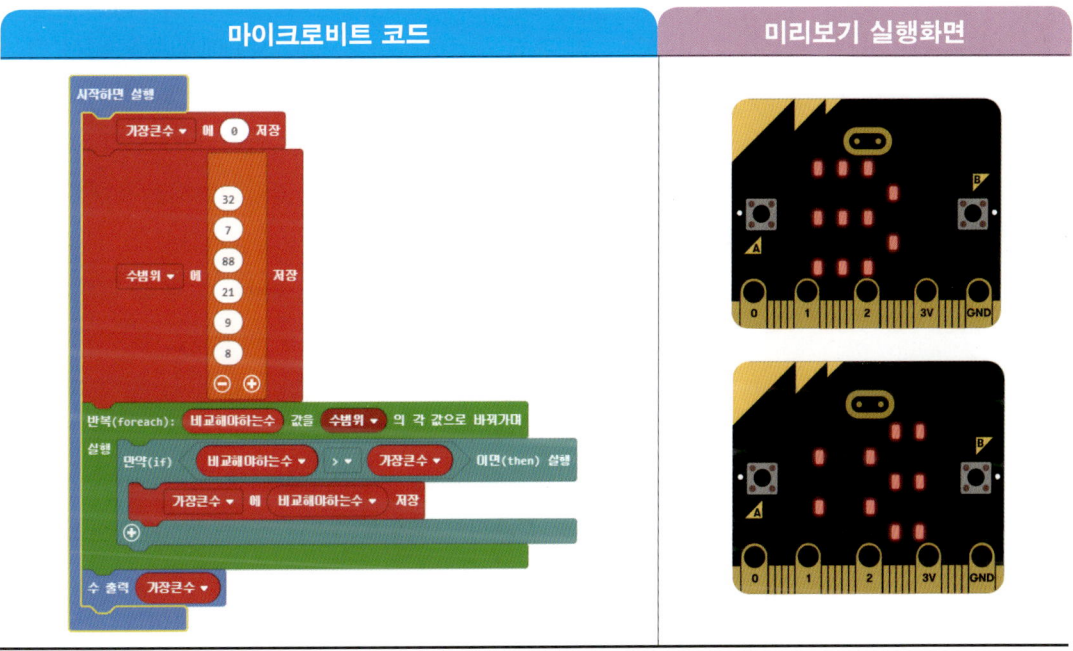

| 마이크로비트 코드 | 미리보기 실행화면 |

비교해야 하는 수와 가장 큰 수 변수를 만듭니다. 가장 큰 수 변수에는 0을 저장합니다. 수 범위 배열에 32, 7, 88, 21, 9, 8을 저장합니다. foreach 블록을 사용하여 비교해야 하는 수를 수범위 배열에서 가져옵니다. 만약 ~라는 논리블록을 가져와서 비교하는 수와 가장 큰 수 변수를 비교하여 비교하는 수의 값이 크면 가장 큰 수의 값을 비교하는 수의 값으로 다시 저장합니다. 수범위 배열의 마지막까지 비교합니다. [수출력] 블록으로 가장 큰 수를 출력하면, 88이라는 숫자가 출력됩니다.

| 생각 갈무리 | **CT 레벨 업** |

모라벡의 역설(Moravec's Paradox)을 아시나요?

한스 모라백(Hans Moravec)

모라벡의 역설이란 미국의 로봇 공학자인 한스 모라벡(Hans Moravec)의 1970년대에 '어려운 일은 쉽고, 쉬운 일은 어렵다.(Hard problems are easy and easy problems are hard.)'라는 표현에서 시작되었습니다. 인공지능이나 로봇을 말할 때 흔히 사용하는 표현으로, 사람에게 쉬운 일은 컴퓨터에게 어렵고, 사람에게 어려운 일은 컴퓨터에게 쉽다는 뜻입니다. 사람은 태어난 후 1년이 지나면 아장아장 걷기 시작합니다. 그렇지만 로봇의 경우는 걷는 것이 매우 어려운 일입니다.

또한 사람은 걷기, 듣기, 대화하기 등의 일상적인 행위를 쉽게 할 수 있습니다. 반복적인 행동을 하거나, 복잡한 수학 계산 문제를 풀거나, 빅데이터를 다루는 문제는 해결하지 못합니다. 그에 비해 컴퓨터는 복잡한 계산 문제나 빅데이터를 다루는 문제를 알고리즘을 이용요 쉽고 빠르게 해결할 수 있습니다. 그렇다면 우리 주변에 모라벡의 역설처럼 사람이 쉽게 해결할 수 있지만 컴퓨터는 해결하기 어려운 문제는 어떤 것들이 있을까요?

◆ 내가 컴퓨터보다 잘하는 것은 어떤 것이 있을까요?
◆ 내가 하는 일 중에 컴퓨터가 더 잘 할 수 있는 일은 어떤 것이 있을까요?

8강 소프트웨어 비트 - 논리 블록

마이크로비트의 논리 블록에 대하여 알아보고, 마이크로비트를 이용한 간단한 프로그램을 만들어보자. 그리고 컴퓨터에 사용되는 논리연산은 어떻게 사용되는지 생각해 봅시다.

개요

마이크로비트의 논리 블록의 기능을 알아보자.

준비물

마이크로비트,
5핀 연결 케이블

 ## 생각 다지기 : 아이디어 마이닝

마이크로비트 논리 블록

논리 블록 탭에서는 [조건 / 선택 실행] 블록과 [비교 연산] 블록, [불(참, 거짓) 논리 연산] 블록 등이 있습니다. 블록을 하나하나 살펴봅시다.

논리 블록 탐색하기

1 〔불(참, 거짓)논리 연산〕 블록을 알아보자.

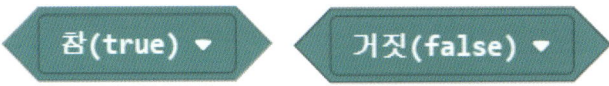

[불(참, 거짓)논리] 블록은 참 또는 거짓 중 하나의 진릿값을 가질 때 사용합니다.

〔불(참, 거짓) 논리〕 블록

[불(참, 거짓) 논리] 블록을 사용하여 아래와 같이 코딩했을 경우, 마이크로비트의 LED에서 출력되는 것은 어느 것일까요?

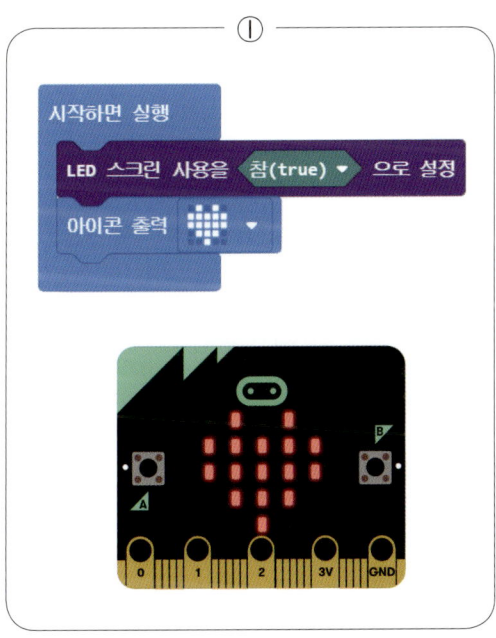

① [참 논리] 블록을 코딩했을 때, LED 스크린을 사용하는 조건이 되기 때문에 마이크로비트의 LED가 출력됩니다.

② [거짓 논리] 블록을 코딩했을 때, LED 스크린을 사용하지 않는 조건이 되기 때문에 마이크로비트의 LED의 변화가 없습니다.

〔반대로 논리〕블록

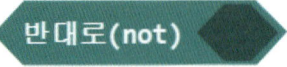 오른쪽 빈칸에 넣는 조건의 반대 진릿값을 만들 때 사용합니다.

버튼 A가 눌렸을 때의 반대 상황을 만들 경우에는 반대로 블록 속에 [A블록 눌림 상태] 블록을 넣어서 만들면 됩니다.

〔그리고 / 또는 논리〕블록

그리고(and) ▼   왼쪽에 넣을 조건과 오른쪽에 넣을 조건이 모두 참인 진릿값을 찾을 때 사용합니다.

또는(or) ▼   왼쪽에 넣을 조건과 오른쪽에 넣을 조건 중 한 가지 이상이 참인 진릿값을 찾을 때 사용합니다.

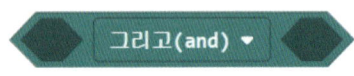

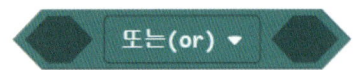 을 사용한 경우에는 A버튼과 B버튼을 동시에 눌렀을 때에만 마이크로비트의 LED가 출력됩니다.

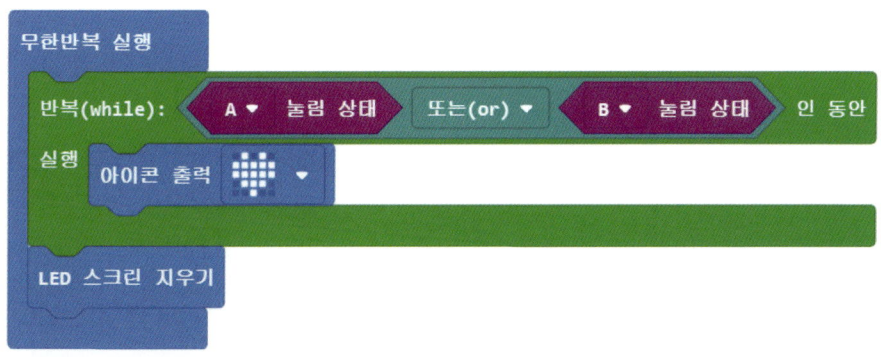

 을 사용한 경우에는 A버튼, B버튼 중 하나의 버튼을 눌렀을 때 마이크로비트의 LED가 출력됩니다.

2 [비교 연산] 블록을 알아보자.

왼쪽에 넣을 값과 오른쪽에 넣을 값을 비교하여 판단할 때 사용합니다.

[비교 연산] 블록에서는 =, ≠, <, ≤, ≥, > 6가지 조건을 사용할 수 있습니다.

[비교 연산] 블록

x축 가속도 센서 값이 0보다 큰 경우에만 마이크로비트의 LED가 출력되는 간단한 프로그램을 코드를 만들 수 있습니다.

3 〔조건/선택 실행 논리〕 블록을 알아보자.

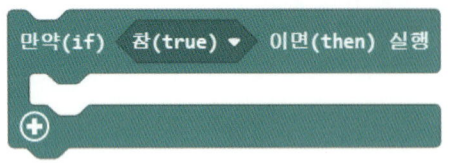
만약(if) 조건의 진릿값이 참인 경우 블록 안의 코드를 실행합니다.

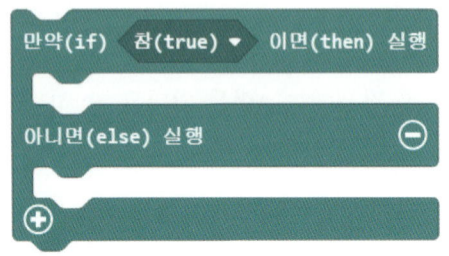
만약(if) 조건의 진릿값이 참인 경우 블록 안의 코드를 실행하며, 거짓인 경우에는 (else) 안의 코드를 실행합니다.

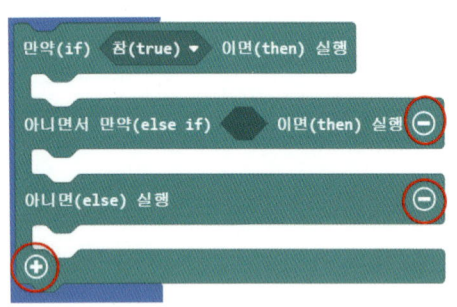
[조건/선택 실행 논리] 블록은 '⊕'버튼을 이용하여 조건을 추가할 수 있습니다.
'⊖'버튼을 이용하여 조건을 삭제할 수 있습니다.

 **생각 펼치기 : 논리 블록을 이용한 프로그램 코딩**

마이크로비트의 다양한 센서를 이용해 봅시다.

1 빛 센서 값 이용하기

- 마이크로비트의 빛 센서를 이용하여 주변의 밝기를 측정하는 간단한 프로그램을 만들어 봅시다.
- 마이크로비트의 빛 센서는 0~255 사이의 값을 측정할 수 있습니다. 255에 가까울수록 밝은 값을 의미합니다.
- [조건/선택 실행 논리] 블록을 이용하여 주변의 밝기를 측정해 봅시다.

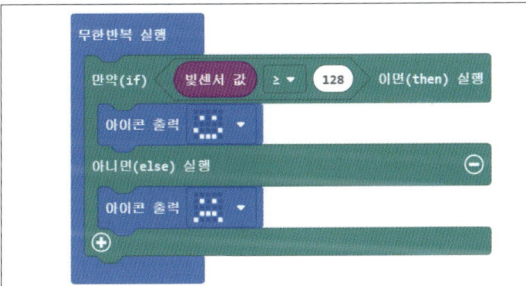 

2 온도 센서값 이용하기

- 마이크로비트는 CPU(중앙 처리 장치)로 주변의 온도를 측정합니다.
- [조건/선택 실행 논리] 블록을 이용하여 주변의 온도를 측정해 봅시다.

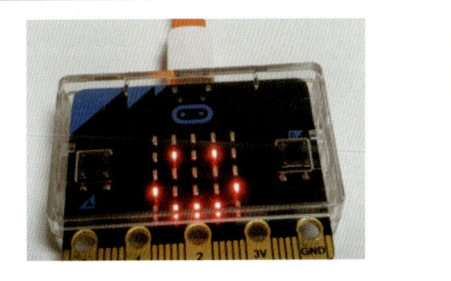

| 생각 갈무리 | **CT 레벨 업** |

부울대수(Boolean algebra)를 아시나요?

부울대수(Boolean algebra)는 19세기 중반 영국의 수학자 조지 불(George Boole)이 만들었다. 현재는 논리연산(논리게이트)이라고도 불린다. 1939년 컴퓨터과학자 샤넌이 부울대수를 이용하여 디지털 회로에 사용할 수 있는 논리연산으로 발전시켰습니다. 오늘날 부울대수는 컴퓨터 프로그래밍에서 논리연산을 표현하는 데 주로 사용된다.

부울대수에 사용되는 연산자를 알아보자.

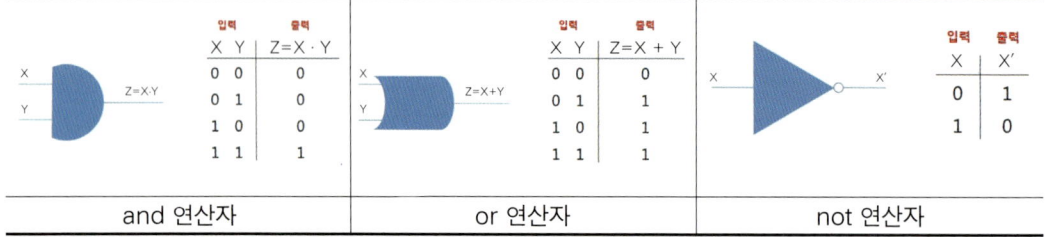

| and 연산자 | or 연산자 | not 연산자 |

부울대수와 관련된 기본법칙을 알아보자.

$X+Y=Y+X$ $X \cdot Y = Y \cdot X$ $(X+Y)+Z=X+(Y+Z)$ $(X \cdot Y) \cdot Z = X \cdot (Y \cdot Z)$ $X \cdot (Y+Z) = X \cdot Y + X \cdot Z$ $X+(Y \cdot Z) = (X+Y) \cdot (X+Z)$	$X \cdot X = X$ $X + X = X$ $X + X \cdot Y = X$ $X \cdot (X+Y) = X$ $(X')' = X$	$(X \cdot Y)' = X' + Y'$ $(X+Y)' = X' \cdot Y'$ $X \cdot 1 = X = 1 \cdot X$ $X + 0 = X = 0 + X$
교환 / 결합 / 분배 법칙	동일 / 흡수 / 이중부정 법칙	드모르간의 법칙 / 항등원

부울대수에 다음과 같은 자료가 입력되었을 때, 출력되는 값을 살펴보자.

X :　　11110110
Y :　　01000100
X+Y :　11110110

◆ 부울대수와 알고리즘은 어떤 관계가 있는지 생각해 봅시다.

9강 소프트웨어 비트 - 변수 블록

마이크로비트의 변수 블록에 대하여 알아보고, 마이크로비트를 이용한 간단한 프로그램을 만들어보자.

개요

마이크로비트의 변수 블록의 기능을 알아보자.

준비물

마이크로비트,
5핀 연결 케이블

 생각 다지기 : **아이디어 마이닝**

마이크로비트 변수 블록

1 변수란?

변수는 어떤 공간에 값을 저장하기 위한 공간인데 이름을 가진 공간입니다. 변수는 '변화할 수 있는 수'라는 뜻을 갖고 있고 언제든지 변화할 수 있습니다.
마이크로비트에게 '숫자'라는 공간을 만들도록 해보겠습니다. 이 공간은 어떤 값을 저장할 수 있고, 변수의 이름을 바꿀 수도 있습니다.

2 변수 블록을 알아보자.

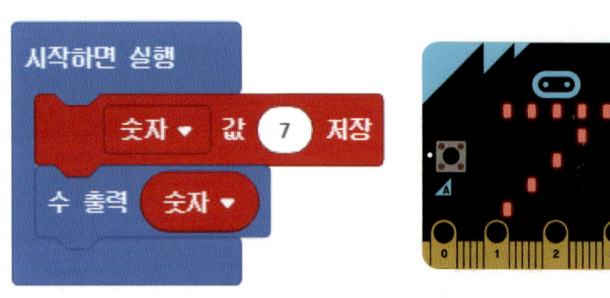

변수 블록을 만들어 변화하는 값을 변수 공간에 저장합니다.
숫자 변수에 7을 저장한 다음 숫자 변수에 저장되어 있는 값을 LED 스크린에 출력합니다.

 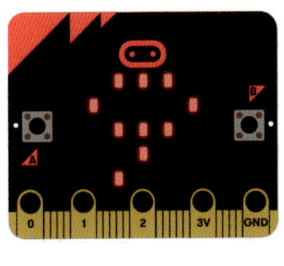

변수저장은 그전 데이터와 상관없이 해당 숫자가 저장됩니다.
1, 3, 5, 7, 9를 숫자 변수에 저장하고 숫자 변수를 출력한다면 어떤 결과가 나올까요? 숫자 변수의 최종 값은 9가 저장되었으므로 9가 출력됩니다.

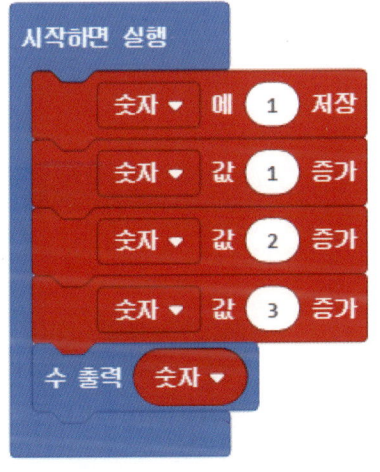 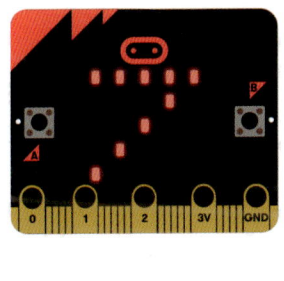

변수증가는 전 데이터에서 증가값만큼 변화시킬 수 있습니다.
숫자 변수에 1을 저장하고 1, 2, 3이 증가한다면 어떤 결과가 출력될까요?
1에서 1이 증가하고, 2가 증가하고, 3이 증가하면 7이 출력됩니다.

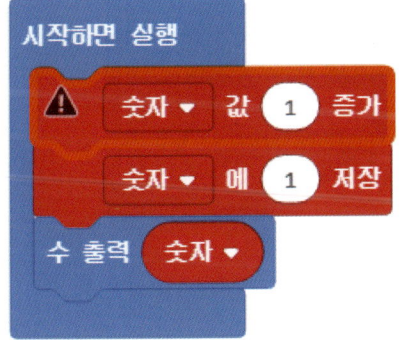

변수증가를 먼저 실행한다면 어떻게 될까요?
처음 숫자 변수에 데이터가 없으므로 오류가 생깁니다. 반드시 변수에 초깃값을 저장해주어야 합니다.

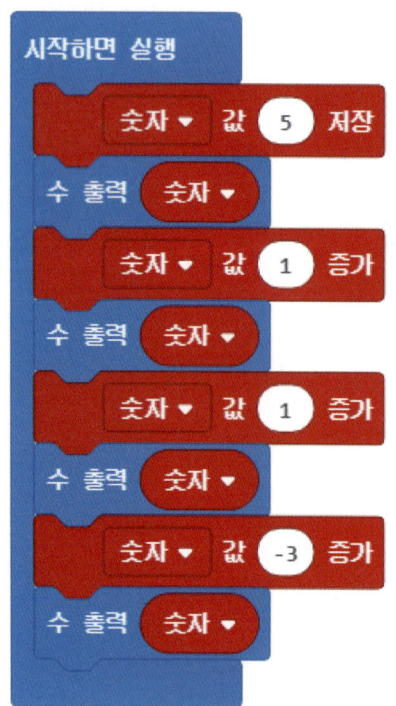

어떤 숫자가 출력될지 예상해봅시다.
시작하면서 숫자 변수에 5가 저장되고 5가 출력됩니다.
다음 5에서 1이 증가하여 6이 저장되고 6이 출력됩니다.
다음 6에서 1이 증가하여 7이 저장되고 7이 출력됩니다.
다음 7에서 3만큼 감소하여 4가 저장되고 4가 출력됩니다.
따라서 시작하면 5, 6, 7, 4가 출력됩니다.

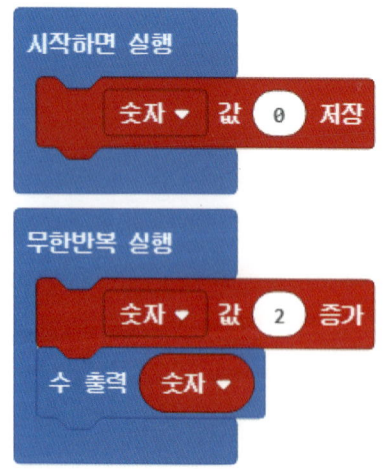

무한반복하여 실행해봅시다.
LED에 어떤 숫자가 출력될까요?
시작하면서 숫자 변수에 0이 저장되고 0이 출력됩니다.
다음 0에 2가 증가하여 2가 출력됩니다.
2에서 2가 증가하여 4가 저장되고 4가 출력됩니다. 이처럼 2씩 증가하여 출력됩니다.

 ## 생각 펼치기 : 변수 블록을 이용한 프로그램 코딩

2단 구구단 프로그램 만들기

반복 블록과 변수 블록을 이용하여 구구단 2단 결과가 나오도록 만들어 봅시다.

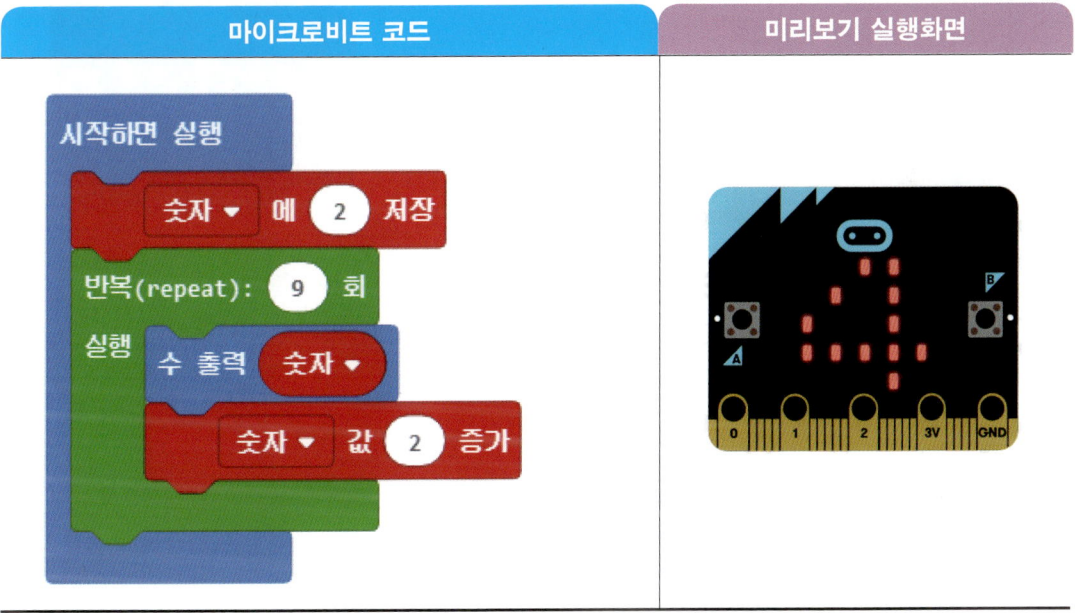

3단 구구단 프로그램 만들기

반복 블록과 변수 블록을 이용하여 구구단 3단 결과가 나오도록 만들어 봅시다.

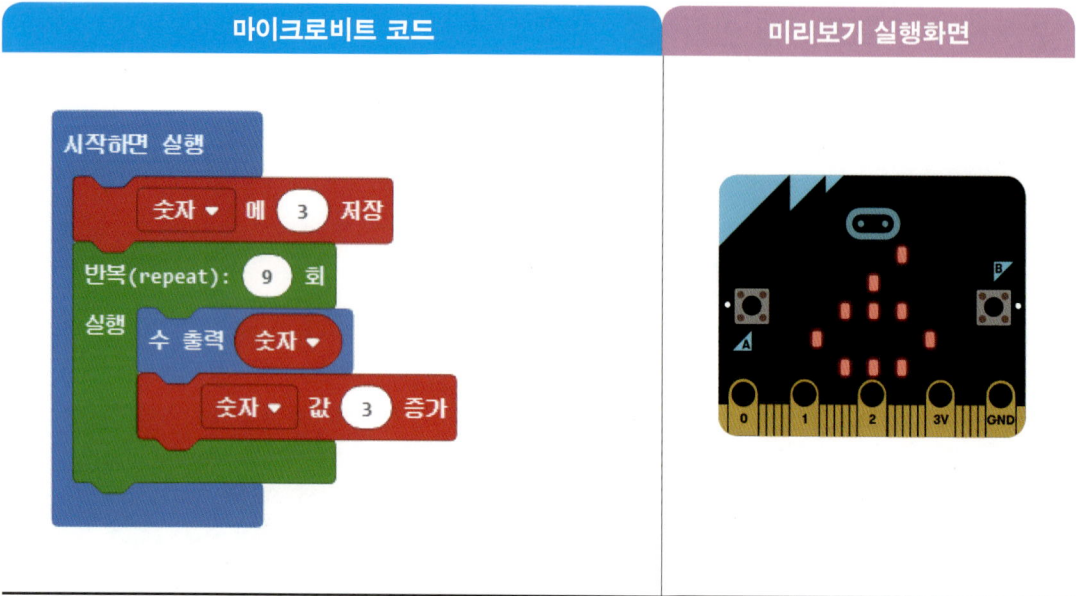

5단, 6단, 7단 구구단 프로그램 만들기

반복 블록과 변수 블록을 이용하여 구구단 3단 결과가 나오도록 만들어 봅시다.

마이크로비트 코드	미리보기 실행화면
시작하면 실행 숫자 ▼ 에 5 저장 반복(repeat): 9 회 실행 수 출력 숫자 ▼ 숫자 ▼ 값 5 증가 숫자 ▼ 에 6 저장 반복(repeat): 9 회 실행 수 출력 숫자 ▼ 숫자 ▼ 값 6 증가 숫자 ▼ 에 7 저장 반복(repeat): 9 회 실행 수 출력 숫자 ▼ 숫자 ▼ 값 7 증가	(마이크로비트 이미지)

10강 소프트웨어 비트 - 계산 블록

마이크로비트의 계산 블록에 대하여 알아보고, 마이크로비트를 이용한 간단한 프로그램을 만들어보자.

개요

마이크로비트의 계산 블록의 기능을 알아보자.

준비물

마이크로비트,
5핀 연결 케이블

 생각 다지기 : **아이디어 마이닝**

마이크로비트 계산 블록

1 산술 연산 블록을 알아보자.
〔산술 연산〕 블록

	산술 연산 블록에 숫자를 넣고 결과를 확인합니다.

〔나머지 추가연산자〕 블록

	나눗셈의 나머지 추가연산자를 이용하여 LED에 0, 1이 출력되도록 프로그래밍해봅시다. 어떤 수를 2로 나누면 나머지는 0 또는 1이 됩니다. 숫자는 변수를 이용하여 1씩 증가시키면서 2로 나누면 나머지는 0 또는 1일 됩니다.

〔최댓값, 최솟값〕 블록

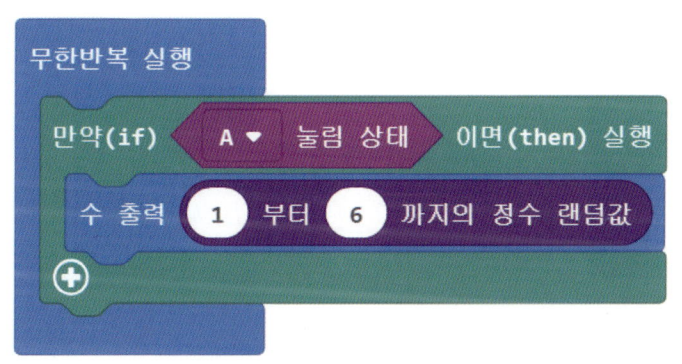

min 및 max 함수를 사용하여 두 개의 숫자 중 작은 수 또는 큰 수를 얻을 수 있습니다.
2와 6의 최솟값 : min (2, 6)는 2와 같습니다.
7과 3의 최댓값 : max (7, 3)는 7입니다.

〔정수 랜덤값〕 블록

랜덤값을 이용할 수 있습니다. A버튼을 눌렀을 때 1부터 6까지 임의의 정숫값을 출력할 수 있습니다.

〔비례변환〕 블록

비례변환 블록을 이용하여 하나의 숫자 범위의 값을 다른 숫자 범위의 값으로 변환할 수 있습니다. 빛 센서 값 (0~255)을 입력받아서 0~9범위의 값으로 변환할 수 있습니다.

 **생각 펼치기 : 계산 블록을 이용한 프로그램 코딩**

마이크로비트의 다양한 센서를 이용해 봅시다.

1 랜덤 곱셈 계산을 도와주는 프로그램 만들기

● 변수 블록을 2개를 만들어 1~9까지 정수 랜덤 값으로 저장합니다.

● 두 수가 LED에 출력되도록 코드를 만들어 봅시다.

● 랜덤 값의 곱셈의 결괏값이 LED에 출력되도록 코드를 만들어 봅시다.

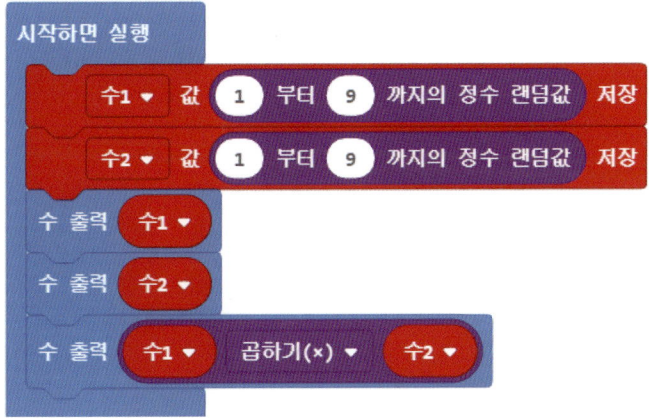

● 프로그래밍 과정에서 수정해야 할 부분이 무엇인지 찾아서 고쳐보세요.
● 랜덤 값의 곱셈이 10번 반복되고 내가 말한 결괏값이 LED에 숫자와 일치할 때 A버튼을 눌러 점수가 추가되는 프로그램을 재구성해서 만들어 보세요.

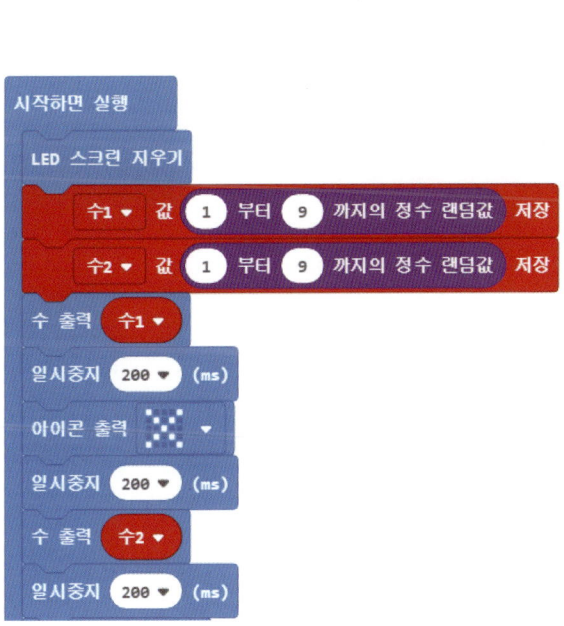
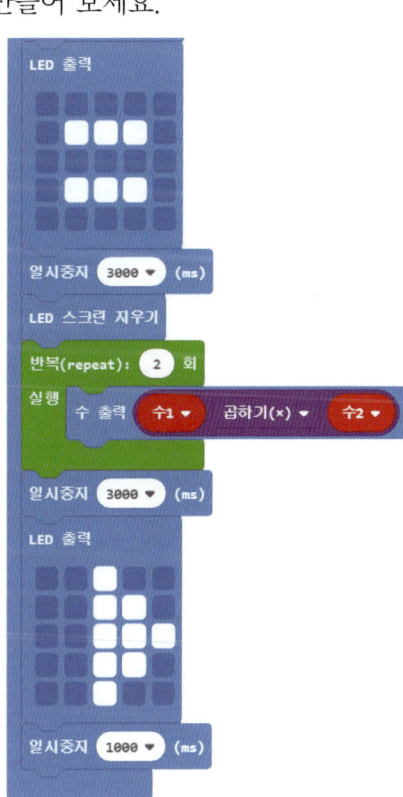

컴퓨팅 사고력 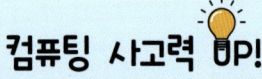!

마이크로비트로 메이커 되기

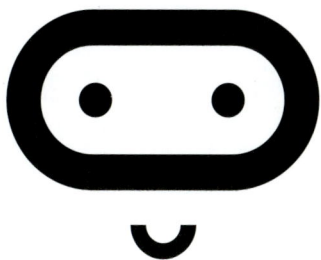

마이크로비트의 세계에
오신 것을 환영합니다

Ⅱ부

메이킹 비트

 스타워즈 광선검 만들기

 마이크로비트의 가속도 센서를 이용하여 광선검을 만들어 보자. 마이크로비트 가속도 센서에는 다양한 움직임을 감지할 수 있는 함수들이 내장되어 있습니다. 흔들림을 감지했을 때 하늘을 향할 때, 땅을 향할 때 등 기울기를 이용하여 색을 변화시켜 재미있는 광선검을 만들어 보겠습니다. 디지털 핀 데이터를 이용하여 쉽고 간단하게 제작해보고 아날로그 핀 데이터를 이용하여 좀 더 자연스러운 광선검을 구현해봅시다.

개요	마이크로비트 가속도 센서와 RGB LED를 이용하여 스타워즈 광선검을 만들어 봅시다.
준비물	마이크로비트, RGB LED 1개, 악어클립 케이블 3개, 5핀 연결 케이블
사용법	마이크로비트의 가속도 센서를 사용하여 움직임에 따라 LED 퍼포먼스를 코딩해봅시다.
이럴 때 필요해요	어두운 공연장에서 응원도구로 쓸 수 있습니다. 정열적인 리듬에는 붉은색이 변화하도록 다이나믹한 리듬에는 푸른색이 변화하도록 코딩해보세요. 신나는 리듬에 맞춰 기울기를 변화시키면서 재미난 퍼포먼스를 만들어봅시다.

 # 생각 다지기 : 아이디어 마이닝

마이크로비트의 가속도 센서

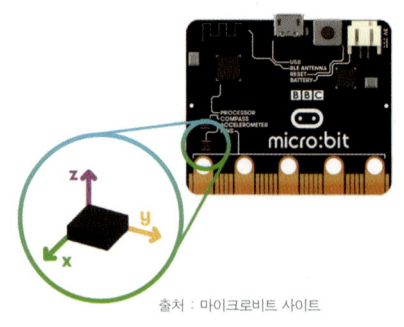

출처 : 마이크로비트 사이트

마이크로비트의 가속도 센서는 마이크로비트가 x, y, z 축으로 움직임이 감지됐을 때 그 움직임을 감지할 수 있습니다. 방향지시등을 만들기 위해서 어떤 값을 사용해야 하는지 찾아봅시다.

마이크로비트의 x축 센서는 마이크로비트가 좌, 우(동서방향)로 기울이는 움직임을 감지합니다.

마이크로비트의 y축 센서는 마이크로비트가 전, 후(남북방향)로 기울이는 움직임을 감지합니다. 마이크로비트의 z축 센서는 마이크로비트가 위, 아래 움직임의 변화를 감지합니다.

3색 LED

RGB LED는 한 가지 색을 내는 LED와 달리 총 265가지의 색을 낼 수 있습니다.

RGB는 4개의 핀을 가지고 있습니다. 각 핀은 기본적으로 빨강, 초록, 파랑 색을 출력합니다.

각 핀마다 어떤 값을 할당하는 가에 따라 세 가지 색이 조합되어 여러 가지 색을 표현할 수 있습니다.

다양한 색을 표현하고 싶을 때 사용해보세요.

1 디지털 신호로 3색 LED를 제어하여 다양한 색 만들기

원하는 색	R (빨간색)	G (초록색)	B (파란색)
빨간색	ON	0	0
초록색	0	ON	0
파란색	0	0	ON
노란색	ON	ON	0
하늘색	0	ON	ON
보라색	ON	0	ON
흰색	ON	ON	ON

2 3색 LED 사용방법

3색 LED는 일반 LED 3개를 하나로 합친 LED입니다. LED 3개를 각각 제어하여 LED의 색상을 정합니다. 4개의 다리가 있는데 긴 다리에 - 전극을, 나머지 짧은 다리에 + 전극을 연결해야 LED가 켜집니다.

3색 LED는 일반 LED와 마찬가지로 각 다리에 약 2V의 전원이 필요합니다. LED에 2V보다 더 높은 전압을 가하면 빛의 밝기가 더 커지지만, 한계전압에 이르러 LED가 파손됩니다.

마이크로비트 가속도 센서 입력받기

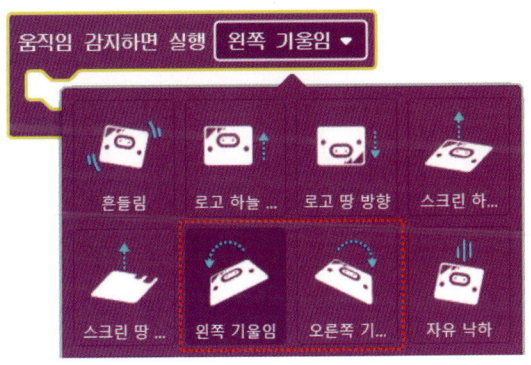

입력 블록의 '움직임 감지하면 실행'하기 블록의 자세히 살펴보고 각 상황별로 코딩하고 싶은 색깔과 설정을 생각해봅시다.

- 원하는 색 : 빨간색, 초록색, 파란색, 노란색, 하늘색, 보라색, 흰색
- 형태 : 2회 깜빡임 / 서서히 밝아지기 / 서서히 어두워지기

	원하는 색	형태	R 빨간색	G 초록색	B 파란색
로고 하늘	빨간색	서서히 밝아지기	ON	-	ON
로고 땅	초록색	서서히 밝아지기	-	ON	-
스크린 하늘	파란색	서서히 어두워지기	-	-	ON
스크린 땅	노란색	서서히 어두워지기	ON	ON	-
왼쪽 기울임	하얀색	2회 깜빡임	-	ON	ON
오른쪽 기울임	보라색	2회 깜빡임	ON	-	ON

마이크로비트 핀 입력과 출력 모드로 사용하기

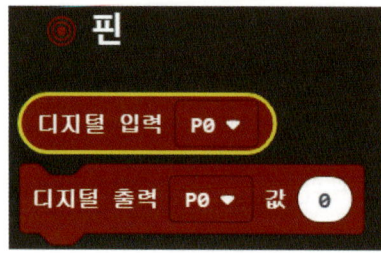

핀 블록은 디지털 입력과 디지털 출력을 사용할 수 있는 블록이 있습니다. 디지털 출력의 경우 사용할 수 있는 값은 0, 1이 있습니다. 0은 전류가 흐르지 않는 상태, 1은 전류가 흐르는 상태입니다.

생각 다지기 : 프로젝트 디자인

핵심 알고리즘 생각하기

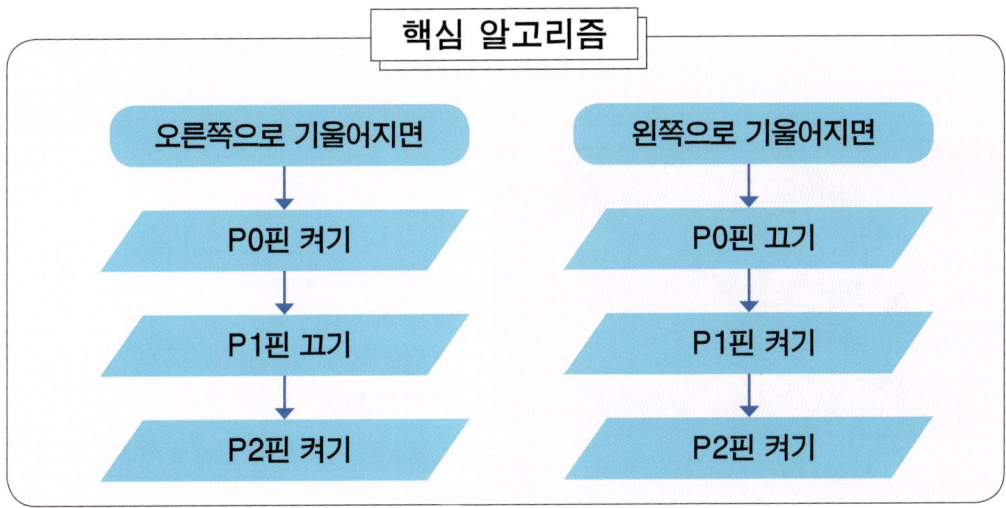

디지털 핀 출력으로 RGB 제어하기

다양한 움직임을 이용하여 디지털 신호를 출력하고 RGB를 제어해봅시다.

 생각 펼치기 : **코딩&메이킹**

광선검 제작하기

① 준비물

- 마이크로비트
- 악어클립 케이블 4개
- RGB LED 1개
- 기름종이 1장
- 3cm 빨대 4개

② 모션리더기 만들기

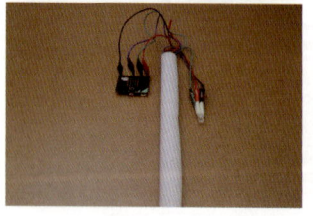

- RGB LED와 악어클립 케이블 연결하기

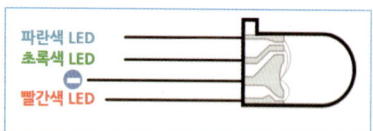

RGB LED	R	GND	G	B
마이크로비트	P0	GND	P1	P2
케이블	빨간색 케이블	검은색 케이블	초록색 케이블	파란색 케이블

악어클립 케이블끼리 합선이 일어날 수 있으므로 빨대로 케이블을 분리합니다.
- 기름종이로 둥근 막대를 만들고 RGB LED를 넣습니다.

디지털 핀 출력으로 광선검 구현하기

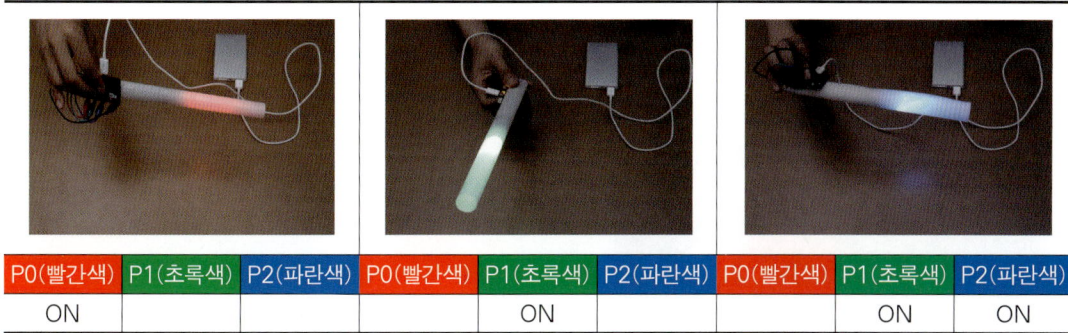

P0(빨간색)	P1(초록색)	P2(파란색)	P0(빨간색)	P1(초록색)	P2(파란색)	P0(빨간색)	P1(초록색)	P2(파란색)
ON				ON			ON	ON

0번 핀에 아날로그 값 출력으로 RGB 광선검 만들기

아날로그 데이터를 이용하여 다양한 색을 구현해보겠습니다.

아날로그 핀 블록을 이용하겠습니다. 아래의 색상표를 참고하여서 내가 좋아하는 색이 나오도록 구현해보겠습니다.

003366 R - 000 G - 051 B - 102	336699 R - 051 G - 102 B - 153	6699CC R - 102 G - 153 B - 204	99CCFF R - 153 G - 204 B - 255	CCFF00 R - 204 G - 255 B - 000	FF0033 R - 255 G - 000 B - 051
003399 R - 000 G - 051 B - 153	3366CC R - 051 G - 102 B - 204	6699FF R - 102 G - 153 B - 255	99CC00 R - 153 G - 204 B - 000	CCFF33 R - 204 G - 255 B - 051	FF0066 R - 255 G - 000 B - 102
0033CC R - 000 G - 051 B - 204	3366FF R - 051 G - 102 B - 255	669900 R - 102 G - 153 B - 000	99CC33 R - 153 G - 204 B - 051	CCFF66 R - 204 G - 255 B - 102	FF0099 R - 255 G - 000 B - 153
0033FF R - 000 G - 051 B - 255	336600 R - 051 G - 102 B - 000	669933 R - 102 G - 153 B - 051	99CC66 R - 153 G - 204 B - 102	CCFF99 R - 204 G - 255 B - 153	FF00CC R - 255 G - 000 B - 204
0066FF R - 000 G - 102 B - 255	339900 R - 051 G - 153 B - 000	66CC33 R - 102 G - 204 B - 051	99FF66 R - 153 G - 255 B - 102	CC0099 R - 204 G - 000 B - 153	FF33CC R - 255 G - 051 B - 204
0099FF R - 000 G - 153 B - 255	33CC00 R - 051 G - 204 B - 000	66FF33 R - 102 G - 255 B - 051	990066 R - 153 G - 000 B - 102	CC3399 R - 204 G - 051 B - 153	FF66CC R - 255 G - 102 B - 204
00CCFF R - 000 G - 204 B - 255	33FF00 R - 051 G - 255 B - 000	660033 R - 102 G - 000 B - 051	993366 R - 153 G - 051 B - 102	CC6699 R - 204 G - 102 B - 153	FF99CC R - 255 G - 153 B - 204

RGB색상표

색상표를 살펴보겠습니다. B값이 높은 색을 어떤 계열인가요? 초록색 계열은 R, G, B 중 어떤 데이터가 많이 포함되어 있나요?

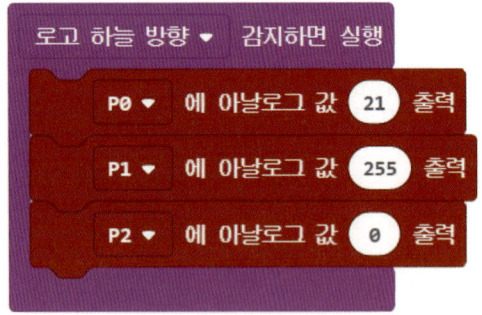

만약에 흔들림을 감지하면 어떤 색이 구현될까요? 네, 다홍색이 나올 겁니다. R값 255와 B값 51이 혼합되어 다홍색이 출력됩니다.

그렇다면 R값 21과 G값 255가 혼합된다면 어떤 색이 구현될까요? 네, 연두색이 출력됩니다.

아날로그 핀 출력으로 RGB 광선검 만들기

이번에는 아날로그 핀 출력으로 자연스럽게 변하도록 제어해보겠습니다. 연속적인 색의 변화를 주기 위하여 나머지(mod) 수식을 이용해 보겠습니다.

먼저 계산에서 나머지(mod) 수식을 사용해 보겠습니다. 예를 들어 1 나누기 10의 나머지는 얼마일까요? 1이 됩니다.

그렇다면 나누는 수는 3으로 고정하고 나누어지는 수를 1부터 6까지 증가시켜 실행하면 아날로그 P0의 결괏값은 얼마가 출력될까요? 1, 2, 0, 1, 2, 0으로 됩니다.

나머지(mod)를 이용하여 연속적인 변화값을 구현해보겠습니다.

P0에 아날로그 값을 255, P1에 아날로그 값을 150으로 출력하고 P2에 아날로그 값을 나머지(mod) 블록을 이용하여 값을 바꿉니다.

11강 스타워즈 광선검 만들기 **123**

숫자 변수를 추가합니다. 나누는 수는 256으로 고정하고 나누어지는 수를 숫자 변수로 처리합니다.

P2의 아날로그 데이터값은 0~255까지 반복되어 색이 연속적으로 변화하게 됩니다.

| 생각 갈무리 | **프로젝트 레벨업** |

sin 계산식 이용하여 자연스럽게 변하는 RGB 광선검 만들기

sin(x)은 x가 0부터 180일 때 최솟값이 0, 최댓값이 1이 됩니다.

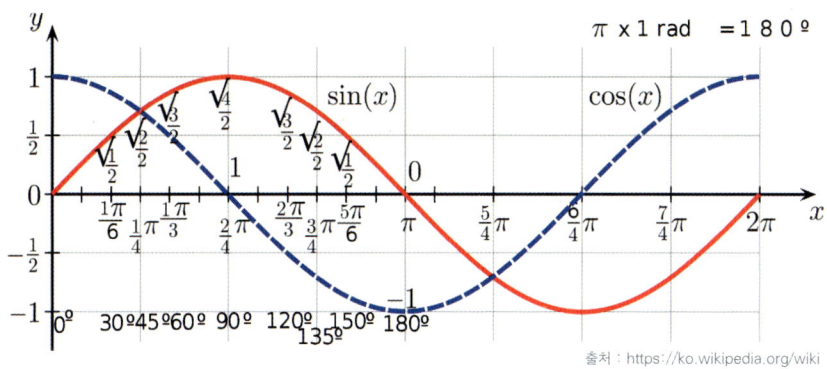

출처 : https://ko.wikipedia.org/wiki

앞에서 다루었던 나머지 계산식을 이용하면 0부터 180까지 데이터가 일정하게 변하게 됩니다.

사인(sin) 블록 안으로 넣으면 이 데이터는 0부터 1까지 연속적으로 변하게 됩니다.

이제 0부터 1까지 연속적인 변화량은 구현했으니 곱셈식을 이용하여 최댓값을 255로 만들어 줍니다.

곱셈식, sin, 나머지(mod)를 이용하여 좀 더 부드럽게 변하는 광선검을 구현해봅시다.

생각 갈무리   **프로젝트 레벨업**

```
시작하면 실행
    숫자 ▼ 에 0 저장

무한반복 실행
    P0 ▼ 에 아날로그 값 255 출력
    P1 ▼ 에 아날로그 값 150 출력
    P2 ▼ 에 아날로그 값 255 곱하기(×) 사인(sin) 숫자 ▼ 을 181 로 나눈 나머지(mod) 출력
    숫자 ▼ 값 1 증가
```

그리고 앞에서 다루었던 나머지(mod)만을 이용했을 때와 어떤 차이가 있는지 찾아봅시다.

```
시작하면 실행
    숫자 ▼ 에 0 저장

무한반복 실행
    P0 ▼ 에 아날로그 값 255 출력
    P1 ▼ 에 아날로그 값 150 출력
    P2 ▼ 에 아날로그 값 숫자 ▼ 을 256 로 나눈 나머지(mod) 출력
    숫자 ▼ 값 1 증가
```

12강 매직버튼 트릭 만들기

마이크로비트의 자기 센서를 이용하여 매직버튼 트릭을 만들어 보자.

마이크로비트는 자기 센서를 이용하여 마이크로비트 주변의 자석을 감지할 수 있습니다. 이번 시간에는 자기 센서를 이용하여 다양한 활동을 통해 자기 센서에 대해 알아봅시다. 그리고 근처에 있는 자석을 감지하는 마이크로비트의 자기 센서를 이용하는 마술도구를 만들어 봅시다.

개요	마이크로비트의 자기 센서를 이용하여 매직버튼 트릭을 만들어 봅시다.
준비물	마이크로비트, 자석, 전자석 장치, 건전지
사용법	마이크로비트의 A, B 버튼에 스티커를 바꿔 붙이면 스티커에 따라 버튼이 바뀌는 것처럼 보이게 합니다.
이럴 때 필요해요	마술은 여러 가지 도구나 마술사의 손재주로 사람의 눈을 속여 신기하고 이상한 일을 보여주는 재주입니다. 마술사의 마술을 직접 보면 신기하고 어리둥절하지만 재미있습니다. 마이크로비트를 이용하여 간단한 트릭을 익힌 후 친구들에게 보여주세요. 친구들 앞에서 마술사가 되어 보세요.

 생각 다지기 : 아이디어 마이닝

마이크로비트 자기 센서

마이크로비트는 자기 센서가 내장되어 있어 지구의 자기장을 감지해 북쪽을 찾을 수 있습니다. 또한 근처에 있는 다른 자석들도 감지할 수 있을 뿐만 아니라 마이크로비트의 자기 센서를 이용하여 자석의 S극과 N극도 확인할 수 있습니다. 그리고 자기력도 확인할 수 있어 자석의 자력과 전자석의 자력의 비교가 가능합니다. 이번 시간에는 마이크로비트의 자기 센서를 이용하여 다양한 활동과 함께 매직버튼 트릭도 만들어 봅시다.

자기 센서 블록

자기 센서를 이용하기 위해서는 위 두 블록을 사용하여 센서에서 측정한 값을 사용합니다.

자기센서 값(°)	자기 센서 각도를 0~359의 각도로 측정한 값
자기센서 x축 ▼ 값(μT)	마이크로 테슬라 단위로 자기력을 측정한 값

자기 센서를 사용하여 프로그램을 만들고 실행을 시키면 마이크로비트는 자기 센서 보정과정을 먼저 실행합니다. "TILT TO FILL SCREEN"이란 메시지가 나오면 25개의 LED가 모두 켜질 수 있도록 마이크로비트를 기울여 원을 그리며 돌려줍니다.

나침반 만들기

마이크로비트는 자기 센서가 내장되어 있어 자기 센서 각도(0~359)를 측정할 수 있습니다. 이 값은 마이크로비트가 향하고 있는 방향이 북, 동, 남, 서 방향을 나타낼 수 있습니다. 첫 활동으로 마이크로비트로 나침반을 만들어 봅시다.

방향에 따른 자기 센서 각도 값

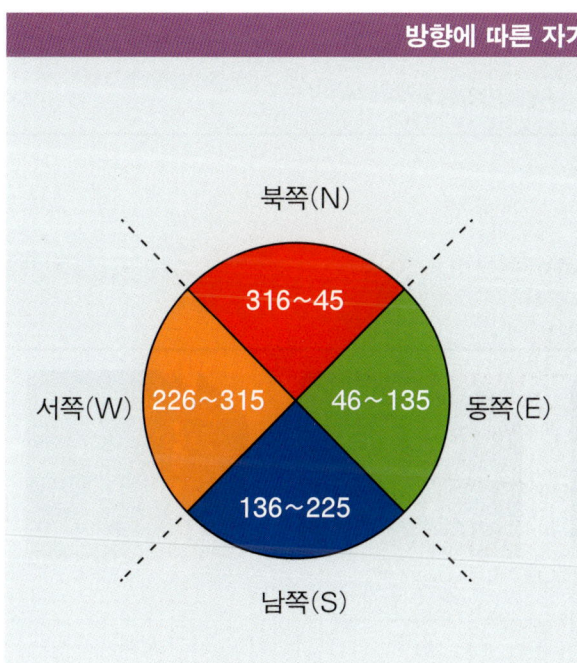

자기 센서 각도는 0~359도까지 값을 읽을 수 있다. 옆의 그림과 같이 마이크로비트의 자기 센서 각도 값으로 범위를 4개로 나누어 북, 동, 남, 서쪽의 방향을 나타낼 수 있습니다.

북쪽 : 316도 ~ 45도
동쪽 : 46도 ~ 135도
남쪽 : 136도 ~ 225도
서쪽 : 226도 ~ 315도

※ 나침반의 방향을 4방향으로 나누었지만 8방향으로 나누어 나침반을 만들 수도 있다.

자기 센서 각도 값에 따라 북, 동, 남, 서쪽 방향을 알 수 있도록 코딩하여 나침반을 만들어 봅시다.

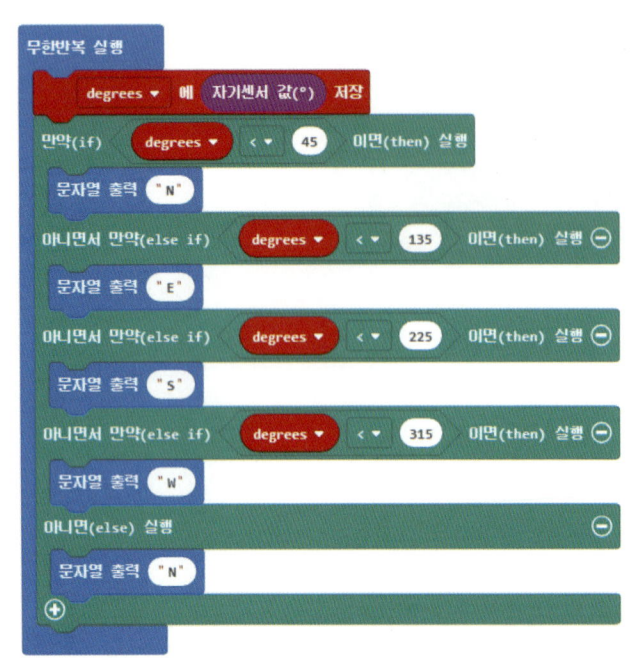

자기 센서가 가리키는 방향의 각도를 측정해 degrees 변수에 저장합니다. 입력된 변숫값에 따라 북(N), 동(E), 남(S), 서(W)로 마이크로비트의 LED에 출력해 방향을 확인할 수 있습니다.

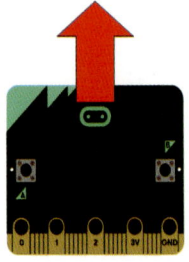

마이크로비트가 가르키는 곳의 방향을 LED로 출력해줍니다.

자기 센서 각도 값에 따라 LED로 출력되는 마이크로비트 모습

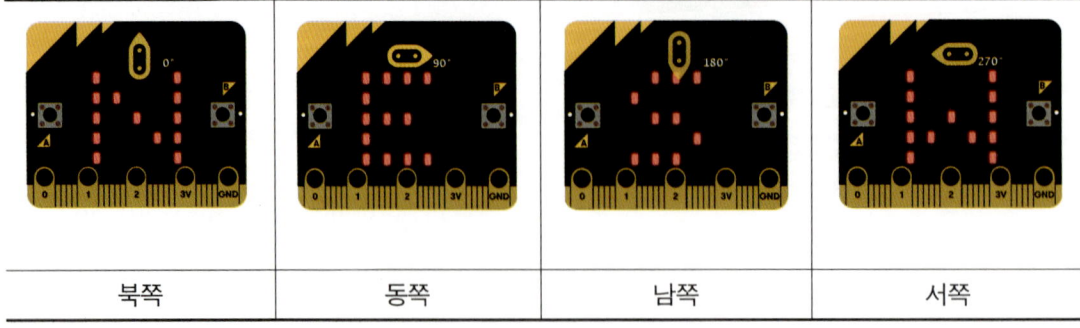

| 북쪽 | 동쪽 | 남쪽 | 서쪽 |

자기력 측정기 만들기

우리 주변에서 쉽게 자석을 찾을 수 있고 여러 용도로 자석을 사용하고 있습니다. 집의 냉장고에도 많은 자석이 붙어있고 자석으로 만든 장난감도 쉽게 찾아 볼 수 있습니다. 자석이 달라붙거나 서로 밀어내는 힘을 자기력 또는 자력이라고 합니다. 자석이 가지고 있는 힘을 측정하여 어느 자석의 힘이 더 쎈지 확인할 수 있는 자기력 측정기를 만들어 봅시다.

- 자기력 값을 변수 force에 저장한 뒤 변숫값을 LED에 출력합니다.
- LED에 출력된 값으로 자기력의 값을 확인할 수 있습니다.

여러 모양의 자석을 마이크로비트에 가까이 대어보고 자기력을 측정해 봅시다.

자석의 극 찾기

자석을 본 경험이 있는 사람들은 N극과 S극이라고 부르는 반대 '극'성이 있다는 것을 알고 있을 것입니다. 보통 자석들은 N극과 S극으로 구분하며 보통 N극은 빨간색, S극은 파란색으로 표시됩니다. 이 색으로 자석의 두 극을 구분할 수 있는데, 만약 극이 표시가 되지 않는 자석의 N극과 S극을 찾고 싶을 때 어떻게 할까요?

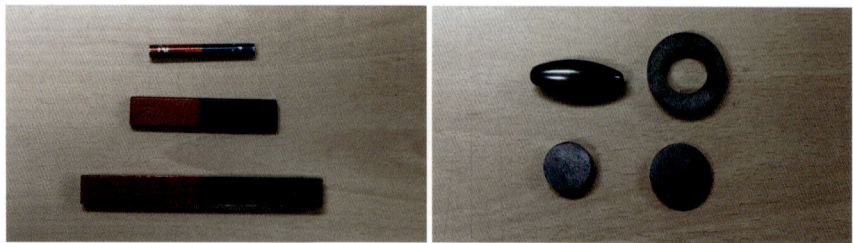

마이크로비트의 자기 센서를 이용하여 자석의 극을 찾을 수 있습니다. 자석의 N극과 S극을 찾을 수 있는 프로그램을 만들어 봅시다.

앞에서 마이크로비트로 나침반을 만들었을 때 자기 센서의 각도 값은 우리가 살고 있는 지구에서 발생되는 자기장(자기력)을 측정하여 방향을 알 수 있었습니다. 자석의 극도 이 자기 센서의 각도 값으로 N극과 S극을 찾을 수 있습니다. 마이크로비트에 자석을 대어 보고 자기 센서의 각도 값이 어떻게 변하는지 확인해 봅시다.

	자기 센서 각도의 값을 변수 degrees에 저장한 뒤 변숫값을 LED에 출력합니다. LED에 출력된 값으로 자기 센서 각도의 값을 확인할 수 있습니다.

마이크로비트에 자석을 가까이 대어보고 자기 센서 각도의 값을 확인하면 N극과 S극을 대었을 때 값이 다른 것을 알 수 있습니다.

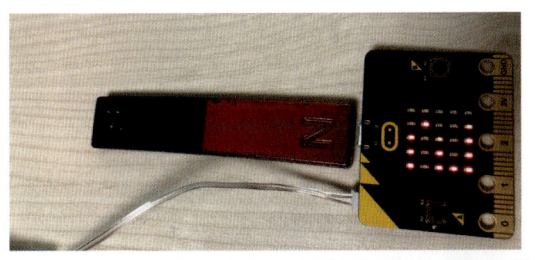	마이크로비트에 N극을 대었을 때 자기 센서 각도 값 > 200
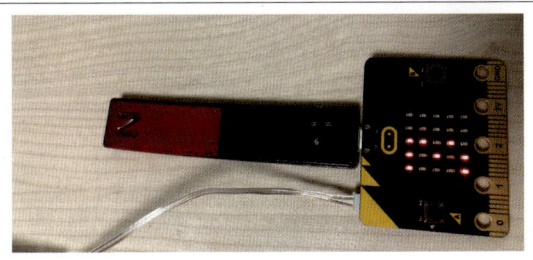	마이크로비트에 N극을 대었을 때 자기 센서 각도 값 < 60

※ 자석의 종류나 자력에 따라 다소 값의 차이가 발생될 수 있습니다.

마이크로비트에 N극을 대었을 대는 평균 200보다 큰 값이 나오는 것을 알 수 있고 S극을 대었을 때는 60보다 작은 값이 나오는 것을 알 수 있습니다. 이 값을 통해 극을 알 수 없는 자석의 극을 마이크로비트로 찾을 수 있는 프로그램을 만들어 봅시다.

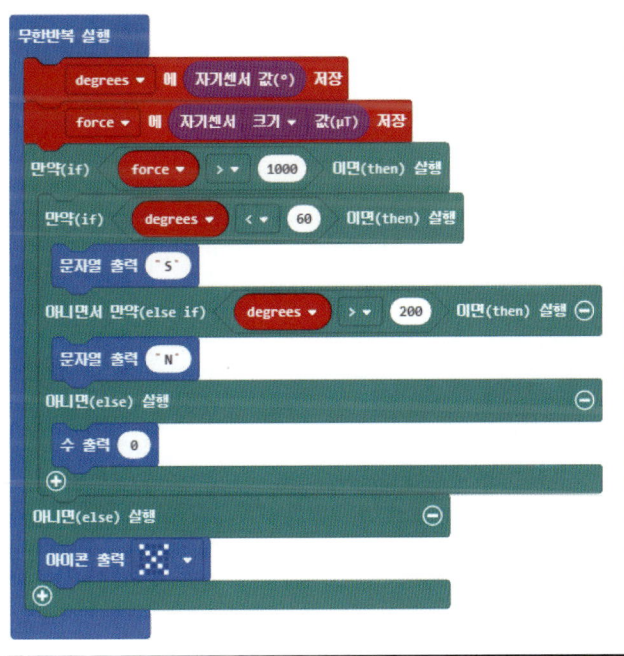

- 자기 센서 각도 값을 이용하여 자석의 N극과 S극을 구별합니다.
- 자석을 가까이 대지 않아도 지구의 자기력으로 인해 자기 센서 각의 값이 측정되어 N이나 S가 출력되므로 force 변수를 만들어 자석을 가까이 대었을 때, 즉 자기력 값이 1,000 이상이 되었을 때만 N극과 S극을 판단할 수 있도록 코드를 만들어 봅시다.
- force 변숫값이 1,000 미만일 경우 자석을 대지 않은 것이므로 LED 스크린에 X를 출력합니다.
- 변수 degrees 값이 60 이하이면 S를 출력하고 degrees 값이 200 이상이면 N을 출력합니다. 그 사잇값일 경우 0을 출력합니다.

자석이 마이크로비트 주변에 없을 때
마이크로비트 주변에 자석이 없어 force의 변숫값이 1,000을 넘지 않아 LED 스크린에 X를 출력합니다.

마이크로비트에 N극을 닿게 할 때
마이크로비트 앞에 N극을 닿게 하면 force 변숫값이 1,000 이상이 되고 degrees 변숫값이 200보다 커져 LED 스크린에 N을 출력합니다.

마이크로비트에 S극을 닿게 할 때
마이크로비트 앞에 N극을 닿게 하면 force 변숫값이 1,000 이상이 되고 degrees 변숫값이 60보다 작아 LED 스크린에 S을 출력합니다.

 ## 생각 다지기 : 프로젝트 디자인

매직버튼 트릭

마이크로비트의 A버튼을 누르면 A, B버튼을 누르면 B가 출력이 되지만 마이크로비트 주변에 자석이 있으면 A버튼이 B버튼처럼 보이도록 하고, B버튼이 A버튼처럼 보여지도록 하는 매직버튼 트릭을 만들어 봅시다.

마이크로비트 주변에 자석이 없을 때	A버튼을 누르면 A가 출력된다. / B버튼을 누르면 B가 출력된다.
마이크로비트 주변에 자석이 있을 때	A버튼을 누르면 B가 출력된다. / B버튼을 누르면 A가 출력된다.

핵심 알고리즘 만들기

마이크로비트 주변에 자석이 있을 때와 없을 때가 다르게 출력이 이루어질 수 있도록 코딩합니다.

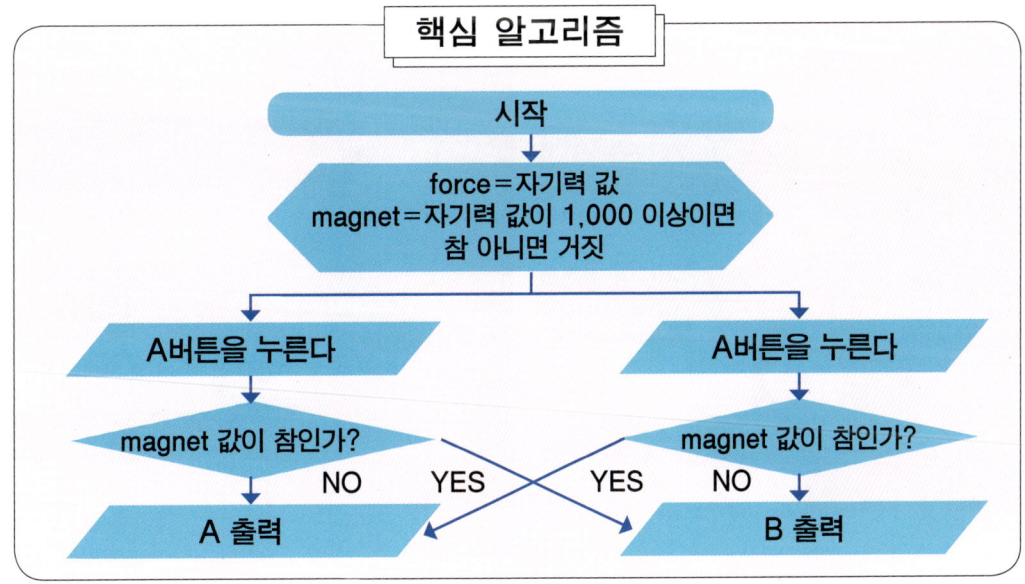

생각 펼치기 : 코딩&메이킹

변수 만들어 값 저장하기

force, magnet 변수을 만들고 자기량의 절댓값을 force 변수에 저장하고 자기량의 값이 1,000 이상일 때 magnet 변수의 값이 참이 될 수 있도록 만든다.

버튼을 눌렀을 때 A, B 출력하기

트릭 연습하기

코딩한 블록을 마이크로비트에 저장한 다음 트릭연습을 해봅시다.

자석이 없을 때 A버튼을 누르면 A가 출력

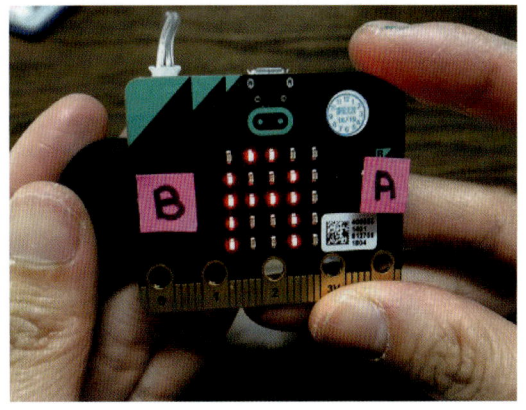
자석이 있을 때 바뀐 A버튼을 누르면 A출력
※ 자석은 보이지 않게 손에 숨겨야 합니다.

① A, B가 적힌 스티커를 A, B버튼 위에 붙입니다.
② A버튼을 눌러 A가 출력되고 B버튼을 눌렀을 때 B가 출력되는 것을 보여줍니다.
③ A, B버튼에 붙어 있는 스티커를 서로 맞바꿔 A스티커를 B버튼에 B스티커를 A버튼에 붙입니다.
④ 다른 사람에게 들키기 않게 조그마한 자석을 손에 쥐고 마이크로비트를 잡습니다.
⑤ A스티커를 붙인 버튼을 눌렀을 때 A가 출력되고 B스티커를 붙인 버튼을 눌렀을 때 B가 출력되는 것을 보여줍니다.
⑥ 손동작이 자연스러워질 때까지 연습합니다.

사랑인가요? 트릭

마이크로비트에 자석을 대어 출력의 모양을 바꾸는 트릭을 이용해 '사랑인가요?' 트릭을 만들어 봅시다.

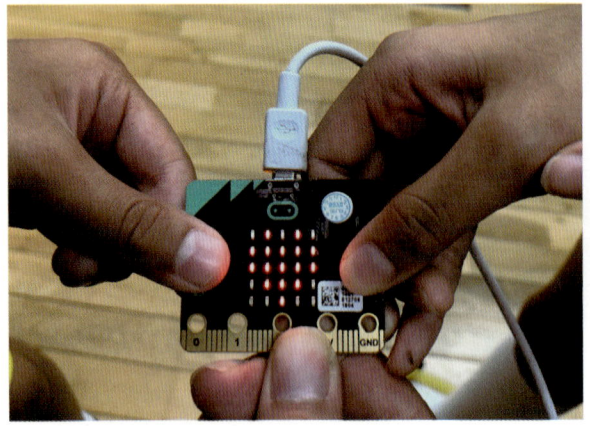

옆 사진처럼 사회자는 마이크로비트의 가운데를 잡고 서로의 사랑을 확인하는 사람은 마이크로비트의 양쪽 끝을 잡습니다. 하나, 둘, 셋을 센 뒤 동시에 A, B 버튼을 누릅니다. 사회자가 자석을 몰래 손에 쥐고 있으면 하트모양이 출력되고 자석이 없으면 화가 난 표정의 모양이 출력됩니다.

마이크로비트로 코딩하기

13강 방향지시등 만들기

마이크로비트의 가속도 센서를 이용하여 방향지시등을 만들어 보자.

자동차를 운전할 때 보행자 또는 다른 운전자를 위해서 방향지시등을 사용합니다. 자전거를 탈 때에는 수신호를 이용하여 방향을 알려줍니다. 어두운 밤에는 자동차는 전구의 빛을 이용하여 자동차의 이동 방향을 전달합니다. 그렇다면 자전거는 어떻게 해야 할까요? 수신호를 이용하면 밤에는 잘 보이지 않기 때문에 위험합니다. 밤에도 안전하게 자전거를 탈 수 있는 방향지시등을 만들어 봅시다.

개요	마이크로비트 가속도 센서와 LED를 이용하여 방향지시등을 만들어 봅시다.
준비물	마이크로비트, 마이크로비트 확장키트, LED(12개), 브레드보드(2개), 전선(sparkfun prt-08023 빨강색, 검정색), 케이블타이, 5핀 연결 케이블, 보조배터리
사용법	마이크로비트를 왼쪽으로 기울이면 왼쪽 LED가 켜지고, 마이크로비트를 오른쪽으로 기울이면 오른쪽 LED가 켜집니다.
이럴 때 필요해요	어두운 밤 자전거를 타고 갈 때, 보행자 또는 자동차 운전자에게 자전거 운전자의 방향을 알려주어, 교통사고로부터 안전을 지켜줍니다.

생각 다지기 : 아이디어 마이닝

마이크로비트의 가속도 센서

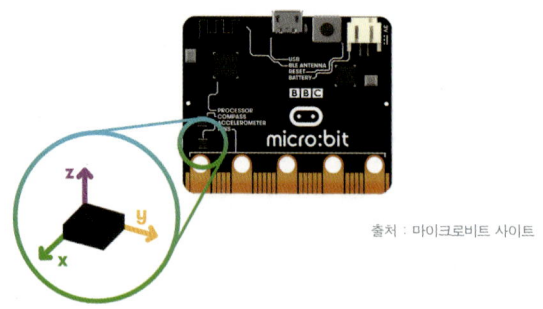

출처 : 마이크로비트 사이트

마이크로비트의 가속도 센서는 마이크로비트가 x, y, z 축으로 움직임을 측정할 수 있습니다. 방향지시등을 만들기 위해서 사용해야 할 마이크로비트의 가속도 센서는 무엇일까요? 무한반복 블록과 LED 차트, 가속도 센서 값을 이용하여 알아봅시다.

x축 센서는 마이크로비트가 좌, 우(동서방향)로 기울이는 움직임을 감지합니다.
y축 센서는 마이크로비트가 전, 후(남북방향)로 기울이는 움직임을 감지합니다.
z축 센서는 마이크로비트 위, 아래 움직임의 변화를 감지합니다.
위 실험을 통해서 자전거의 방향지시등으로 사용해야 할 가속도 센서는 x축이라는 것을 알 수 있습니다.

마이크로비트 핀과 확장키트

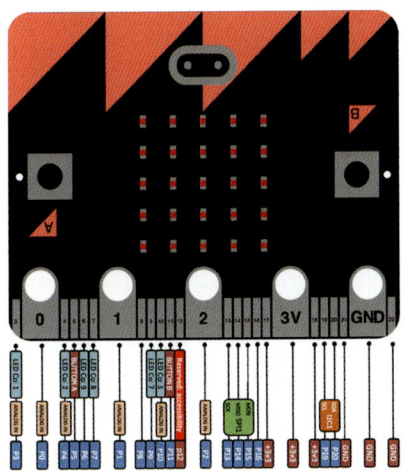

출처 : 메카솔루션

마이크로비트는 보드의 아래쪽 엣지 커넥터에 외부 장치들을 연결할 수 있는 25개의 '핀'이 있습니다. 엣지 커넥터는 위 그림의 오른쪽에 있는 회색 부분입니다. 구멍에도 함께 연결이 되어 있는 5개(0, 1, 2, 3V, GND)의 큰 핀이 있습니다. 그리고 같은 줄에 20개의 소형핀이 함께 더 있기 때문에 아랫부분을 엣지 커넥터에 연결시켜 사용할 수 있습니다.

> **TIP 큰 핀**
> - 0번, 1번, 2번 핀
>   : 아날로그·디지털 컨버터(ADC)기능을 갖고 있는 범용 입출력 핀입니다.
>
> - 3V 핀 : 3V 전원 입력 모드나 전원 출력 모드로 사용할 수 있습니다.
> (1) 전원출력모드 : 마이크로비트가 USB나 배터리로부터 전력을 공급받고 있을 때는 3V 핀으로 주변 장치에 전원을 공급할 수 있습니다.
> (2) 전원입력모드 : 전원공급을 받고 있지 않다면 3V 핀을 이용해서 마이크로비트에 전원을 공급해 줄 수 있습니다.
>
> - GND 핀 : 3V 핀과 함께 사용을 하며 회로를 완성하기 위한 접지 부분입니다.
>
> 한 손으로 'GND' 핀을 잡고 있을 때, 다른 한 손으로 0, 1, 2 핀 중 하나를 잡아 3가지 버튼 형태로 감지하도록 BBC 마이크로비트를 프로그래밍할 수 있습니다(몸이 +극과 −극에 연결된 하나의 전기 회로와 같은 역할을 하게 됩니다.).

> **TIP** **소형핀**
>
> - 3번, 4번, 10번 핀
> : 아날로그·디지털 컨버터(ADC) 기능을 갖고 있는 범용 입출력 핀입니다. 단, 마이크로비트에 내장된 LED와 연결되어 있어서 LED를 사용할 때는 사용할 수 없습니다.
>
> - 5번 핀 : 범용 입출력 핀으로 마이크로비트에 내장된 버튼 A와 연결되어 있습니다.
>
> - 11번 핀 : 범용 입출력 핀으로 마이크로비트에 내장된 버튼 B와 연결되어 있습니다.
>
> - 6번, 7번, 9번 : 디지털 입출력 기능을 갖고 있는 범용 입출력 핀입니다. 단, 마이크로비트에 내장된 LED와 연결되어 있어서 LED를 사용할 때는 사용할 수 없습니다.
>
> - 8번, 12번 핀 : 디지털 신호를 전송하고 감지하기 위한 전용 입출력 핀입니다.
>
> - 13번 핀 : 3-선 직렬 주변장치 버스(3-wire Serial Peripheral Interface, SPI)의 직렬 시간 클록(SCK) 신호를 위해 사용됩니다.
>
> - 14번 핀 : SPI 버스의 MISO(Master In Slave Out) 신호를 위해 사용하는 핀입니다.
>
> - 15번 핀 : SPI 버스의 MOSI(Master Out Slave In) 신호를 위해 사용하는 핀입니다.
>
> - 16번 핀 : 일반적으로 SPI '칩 선택' 기능에도 함께 사용하는 핀입니다.
>
> - 17번, 18번 핀 : 큰 핀의 3V 핀과 같이 3V 전원을 공급하기 위해서 사용하는 핀입니다.
>
> - 19번, 20번 핀 : I2C통신에 사용할 수 있으며 내부적으로 가속도계와 나침반에 연결되어 있는 핀입니다.
>
> - 21번, 22번 핀 : 큰 핀의 GND핀에 연결되어 있습니다.
>
> ※ 작은 핀에 잘못 사용하면 자신의 의도와 다른 결과가 실행될 수 있기 때문에 위의 내용을 꼭 기억해야 합니다.

마이크로비트 가속도 센서 입력받기

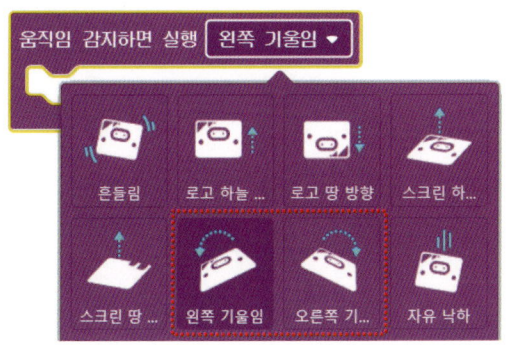

입력 블록의 '움직임 감지하면 실행'하기 블록의 자세히 살펴보면, 왼쪽 기울임과 오른쪽 기울임 메뉴가 있습니다. 왼쪽 기울임으로 선택하면, 마이크로비트가 서쪽 방향으로 기울어짐을 측정할 수 있습니다. 마이크로비트가 동쪽 방향으로 기울어짐을 측정하는 방법을 생각해 봅시다.

마이크로비트 핀 입력과 출력 모드로 사용하기

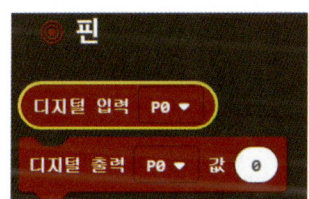

핀 블록 디지털 입력과, 디지털 출력을 사용할 수 있는 블록이 있습니다. 디지털 출력의 경우 사용할 수 있는 값은 0, 1이 있습니다. 0은 전류가 흐르지 않는 상태, 1은 전류가 흐르는 상태입니다.

마이크로비트 전기회로 구성하기

마이크로비트의 왼쪽에 있는 LED의 (+)는 P8핀에 연결합니다. LED의 (-)는 0V에 연결합니다. 마이크로비트의 오른쪽에 있는 LED의 (+)는 P12핀에 연결합니다. LED의 (-)는 0V에 연결합니다.

 ## 생각 다지기 : 프로젝트 디자인

핵심 알고리즘 만들기

왼쪽, 오른쪽으로 기울였을 때 정해진 핀으로 전류가 흐를 수 있게 알고리즘을 짜봅시다.

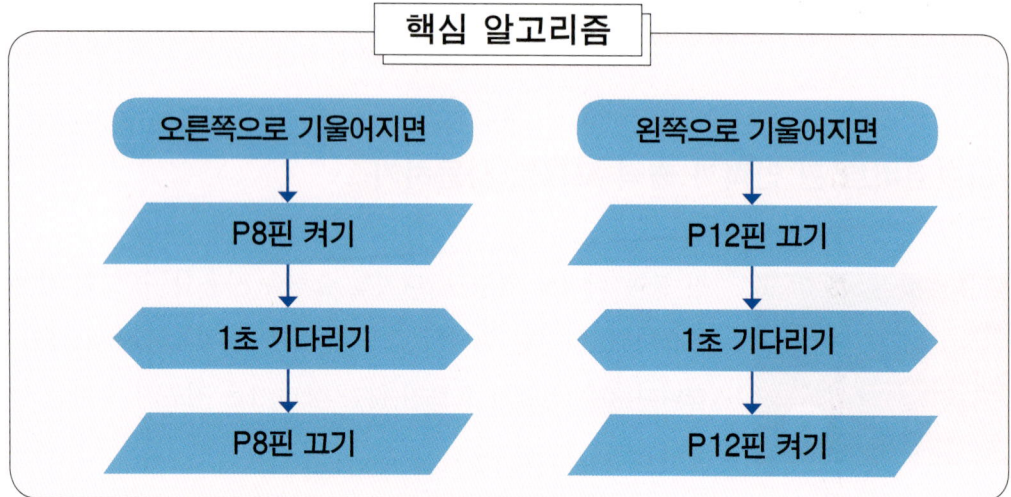

x축 가속도 센서 값으로 LED 불 켜기

x축 가속도 센서를 좌, 우로 기울였을 때 LED 불이 켜지는 예시를 참고해서 만들어 봅시다.
예)

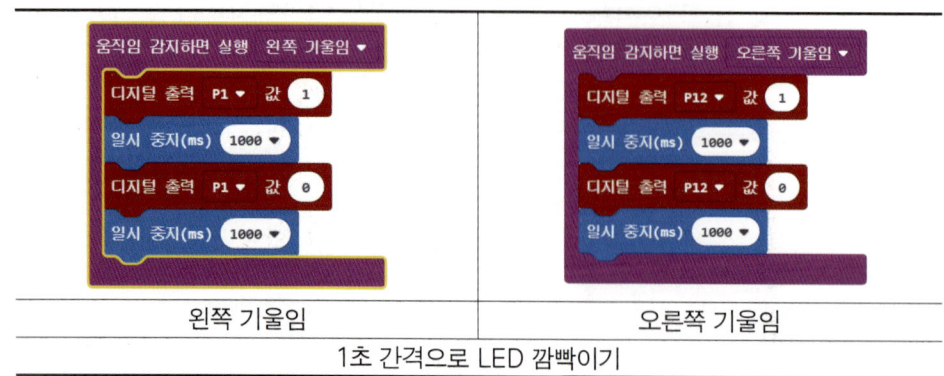

왼쪽 기울임	오른쪽 기울임
1초 간격으로 LED 깜빡이기	

 생각 펼치기 : **코딩&메이킹**

마이크로비트의 왼쪽 기울임, 가운데, 오른쪽 기울임 구분하기

마이크로비트 시뮬레이터를 보면, 가속도 센서의 값이 −1,023~1,023의 값으로 변하는 것을 확인할 수 있다.

왼쪽 기울임	가운데	오른쪽 기울임
x축 가속도 센서 <-100	-100 ≤ x축 가속도 센서 ≤ 100	x축 가속도 센서 > 100

논리 블록을 사용하여 3가지 경우를 구분하면

① 마이크로비트가 오른쪽으로 기울어진 상태를 if문으로 x축 가속도 센서가 100보다 크다면 실행될 수 있게 코드를 만들어 봅시다.

프로젝트 디자인 활동에서 오른쪽 기울임 블록을 연결하면 다음과 같습니다.

② 마이크로비트가 왼쪽으로 기울어진 상태는 else if문으로 x축 가속도 센서가 -100보다 작으면 실행될 수 있게 코드를 만들어 봅시다.

프로젝트 디자인 활동에서 왼쪽 기울임 블록을 연결하면 다음과 같습니다.

③ 마이크로비트가 기울어지지 않은 상태는 else문으로 가속도 센서 x축의 센서가 −100~100 사이의 범위의 값을 가질 때를 코딩합니다. 프래그래밍 언어에서는 중복되는 범위를 사용하지 않기 때문에 else문에서 범위를 아래 그림처럼 지정하지 않아도 됩니다.

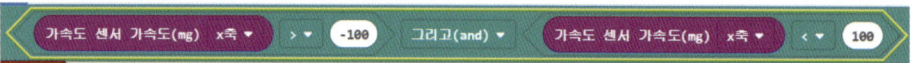

마이크로비트가 가운데 위치했을 때를 LED 스크린에 다음과 같이 출력되게 코드를 만들어 봅시다.

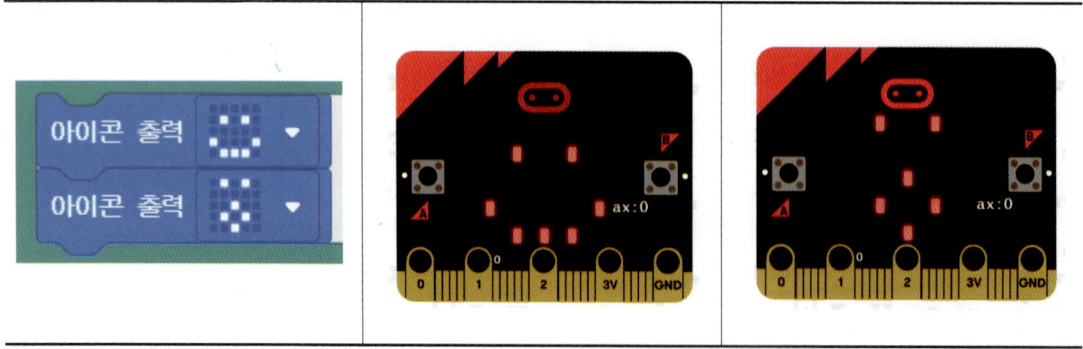

자전거 방향지시등 만들기

①		sparkfun prt-08023 빨강색, 검정색을 각각 20cm 길이 만큼 자른 후 1cm 피복을 벗겨냅니다. (자전거 핸들의 길이에 따라 전선의 길이를 조절 해야 합니다.)
②		피복을 벗긴 전선을 브레드보드에 연결합니다. 브레드보드는 세로로 5칸의 구멍이 같은 극성을 띄도록 되어 있습니다. 이 유는 브레드보드의 경우 내부에 세로방향으로 금속이 배치되어 있기 때문입 니다. 전기제품을 분해하면 보통 (+)극은 빨강색으로 (-)극은 검은색 전선 을 사용합니다.
③		LED 6개를 사용하기 위해서는 위쪽 세로 5칸으로는 부족합니다. 브레드보 드의 아래쪽 세로 5칸을 사용하기 위해서 오른쪽 그림처럼 노란색 전선으로 연결해야 합니다. (설명을 돕기 위해서 노란색 전선을 사용한 것입니다. 다 른 색 전선을 사용해도 되며, 저항 등을 이용해서 연결해도 됩니다.)
④		LED를 가져와서 브레드보드에 연결하기 전 (+)극과 (-)극을 확인합니다. LED 전구에서는 다리가 긴 쪽이 (+)극입니다.
⑤		LED의 (+)극은 빨강색 전선이 연결되어 있는 곳에 연결합니다. LED의 (-) 극은 검은색 전선이 연결되어 있는 곳에 연결합니다.
⑥		완성된 모습입니다. 마이크로비트에서 코딩하여 LED 불빛이 들어오는지 확 인해 봅시다.

자전거 방향지시등 설치하기

①		오른쪽 핸들과 왼쪽 핸들에 브레드보드를 케이블타이를 이용하여 고정합니다.
②		자전거 핸들의 가운데 부분에 마이크로비트를 고정합니다.
③		자전거 핸들을 좌우로 움직여 LED 불빛의 깜빡임을 확인합니다.

| 생각 갈무리 | **프로젝트 레벨업** |

라디오 통신을 이용한 자전거 방향지시등 만들기

3개의 마이크로비트를 이용하여 자전거 방향지시등으로 만들어 봅시다.

마이크로비트의 고급 기능 중 큰 이미지 만들기를 이용하면 화살표 모양에 스크롤 효과를 적용한 이미지를 만들 수 있습니다.

사용하는 블록은 큰 이미지 만들기 블록과 이미지 스크롤 블록입니다.

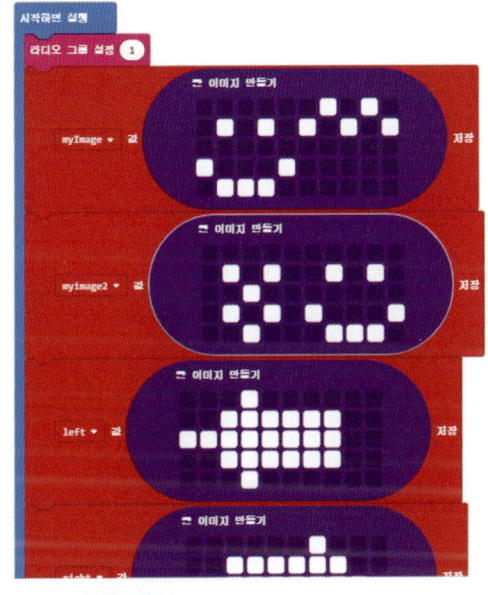

13강 방향지시등 만들기

14강 무드등 만들기

마이크로비트의 빛 센서를 이용하여 무드등을 만들어 보자.
무드등이 무엇인지 알고 있나요? 무드등이란 어둡지 않을 정도의 밝기로 은은하고 부드러운 빛을 내는 전등입니다. 거실이나 침실에 두고 잠을 자거나 장식용으로 사용하지요. 은은한 불빛은 잠을 편안하게 잘 수 있도록 도와주고 거실을 아름답게 꾸며 줍니다. 이런 무드등은 마이크로비트의 빛 센서를 이용하면 간단하게 만들 수 있어요. 자 그럼 자신만의 무드등을 만들러 출발해볼까요?

개요	마이크로비트 빛 센서와 LED를 이용하여 무드등을 만들어 봅시다.
준비물	마이크로비트, 마이크로비트 확장키트, 3색 RGB LED 1개, 브레드보드(1개), 핀케이블
사용법	방의 불을 꺼 어두워지면 무드등이 자동으로 켜지고, 불을 켜면 꺼진다.
이럴 때 필요해요	혹시 어두운 밤이 무서워서 불을 켜고 자는 학생이 있나요? 무드등은 어두운 밤을 무서워하는 사람들이 편안하게 잠이 들 수 있도록 도와줍니다. 자신이 직접 만들어 일정 시간이 지나면 스스로 꺼지도록 코딩해 깊게 잠잘 수 있도록 도와줄 수 있습니다. 또한 거실을 아름답게 꾸미고 싶을 때 사용할 수 있습니다.

 생각 다지기 : 아이디어 마이닝

마이크로비트의 빛 센서 알아보기

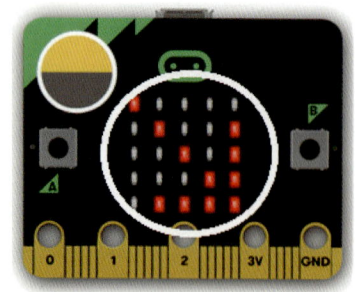

출처 : 마이크로비트 사이트

빛 센서란 주변의 빛이 얼마나 있는지 빛의 밝기를 감지하는 센서입니다. 마이크로비트 빛 센서는 빨간 불이 들어오는 LED 부분에 있습니다. 그림에서 흰 동그라미 부분이 LED와 빛 센서가 함께 있는 곳으로 LED 불도 켜지고 빛의 밝기를 감지하는 부분입니다. 혹시 주변 밝기를 감지해서 자동으로 켜고 꺼지는 무드등을 만들 때 주의

해야 할 점이 혹시 떠오르나요? 네! 맞습니다. 주변의 빛의 양을 감지하는 빛 센서가 주위 빛을 측정할 수 있도록 다른 물체로 가리지 않아야 합니다. 다른 물체로 빛 센서 부분을 가린다면 주위가 아무리 밝아도 빛 센서가 빛을 감지할 수 없겠지요? 이 점을 곰곰이 생각하면서 무드등을 만들어 볼까요?

3색 LED를 제어하기 위한 핀 알아보기

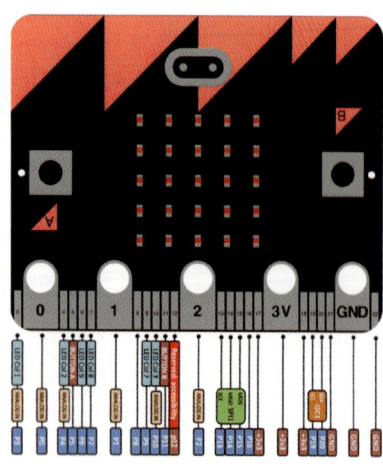
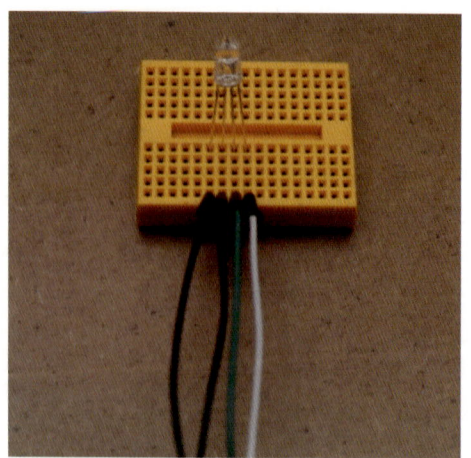

앞장에서 마이크로비트 확장키트를 여러 번 사용해보았고, 3색 LED도 다루어보았기 때문에 따로 설명을 하지 않아도 괜찮겠지요? 무드등을 만들기 위해 사용할 핀만 살펴보고 넘어가겠습니다. 3색 LED는 3개의 출력 핀과 GND를 연결해야 합니다. P0, P1, P2 세 개의 핀과 GND핀을 사용합니다. P0, P1, P2 말고 다른 출력 핀 사용도 가능합니다.

마이크로비트 빛 센서 입력받기

입력 블록의 'LED 스크린 빛 센서'은 값이 저장될 수 있는 변수 블록입니다. 빛 센서는 빛의 밝기를 0~255 까지의 숫자로 변환해서 'LED 스크린 빛 센서' 변수 블록에 저장합니다. 주위 빛의 밝기가 어두울수록 저장되는 값이 작아지고, 주위 빛이 밝을수록 큰 값이 저장되겠지요?

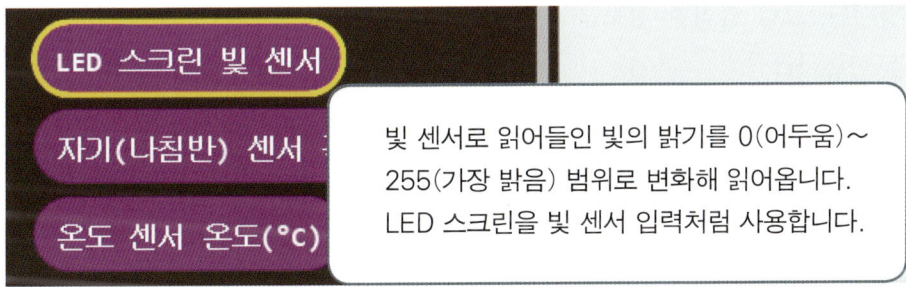

마이크로비트 빛 센서 값 확인하기

	'LED 스크린 빛 센서' 블록을 이용해서 주위 빛의 밝기를 숫자로 출력해 봅시다.
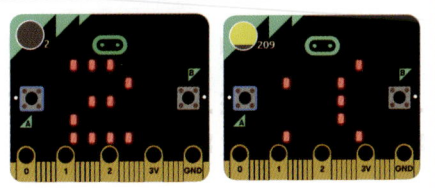	방에 불을 켜고 끄면서 빛 센서로 감지한 빛의 밝기 값을 확인해 봅시다.

 생각 다지기 : **프로젝트 디자인**

핵심 알고리즘 생각하기

입력과 출력을 생각하면서 알고리즘을 생각해 봅시다. 입력은 컴퓨터나 기기에 정보를 넣는 것이지요? 지금 우리에게는 마이크로비트에 정보를 넣는 것을 입력이라고 할 수 있습니다. 출력은 컴퓨터나 기기에 들어있는 정보를 꺼내는 것이지요? 마찬가지로 우리는 마이크로비트에 담긴 정보를 꺼내서 표현해야 합니다.

그렇다면 어떤 정보를 꺼내고 넣을까요? 힌트는 무드등은 주위 빛의 양을 감지해서 LED를 켜고 끄는 장치입니다. 그럼 입력할 정보는 주위 빛의 양, 출력할 정보는 LED를 켜고 끄는 신호라고 말할 수 있습니다.

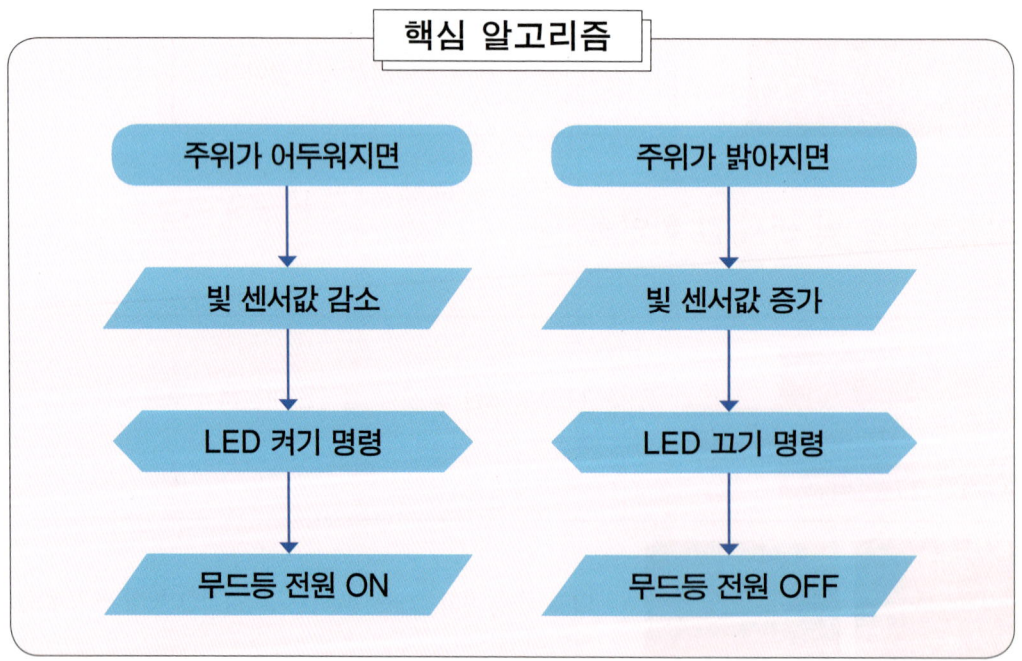

빛 센서값으로 마이크로비트 LED 켜고 끄기

빛 센서를 이용해서 주위 빛의 양에 따라 마이크로비트에 있는 LED가 켜고 꺼지도록 코딩해 봅시다. 아래 예시 코딩을 참고해서 자신만의 코드를 만들어 봅시다. 아래 코드의 입력과 출력은 무엇일까요? 입력은 빛 센서로 주위 빛의 양을 마이크로비트에게 알려 주는 것이고, 출력은 빛 센서 값에 따라 LED 스크린에 아이콘을 출력하거나 지우는 것입니다.

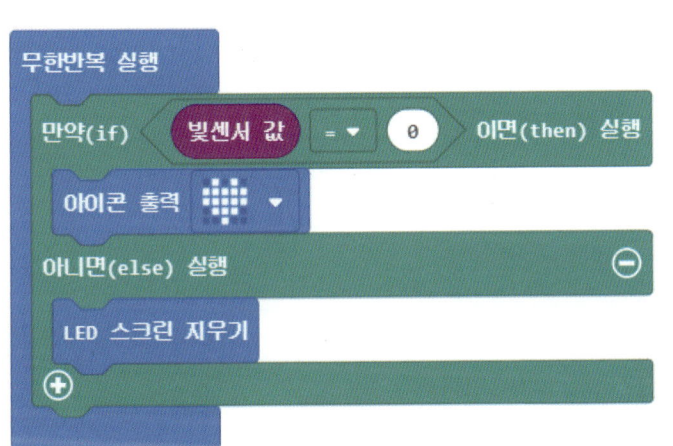

빛 센서값이 0이면 하트 모양으로 LED 켜고 0이 아니면 LED 끄기

〈TIP〉 If문의 빛 센서값은 적절히 조절해보면서 코딩합니다. 방의 구조와 전등, 창문, 마이크로비트 등 여러 가지 이유로 인해 필요 센서값이 다를 수 있습니다.

 생각 펼치기 : **코딩&메이킹**

무드등 코딩하기

무드등이 작동할 수 있도록 코딩을 해봅시다. 출력을 마이크로비트에 있는 LED로 하지 않고 핀으로 출력하도록 코딩하면 됩니다. 아래 예시 코딩을 참고하면서 자신만의 코드를 제작해 봅시다.

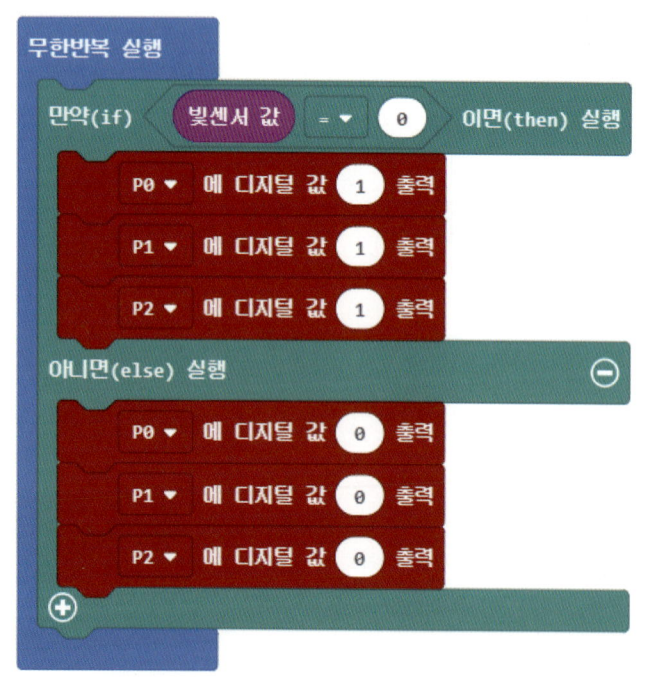

원하는 색	R (빨간색)	G (초록색)	B (파란색)
빨간색	1	0	0
초록색	0	1	0
파란색	0	0	1
노란색	1	1	0
하늘색	0	1	1
보라색	1	0	1
흰색	1	1	1

무드등 예시코드
P0, P1, P2 모두 출력값을 1로 해서 흰색 LED가 들어오게 함.
원하는 색으로 변경하고 싶다면 오른쪽 표를 참고.

무드등 제작하기

주위 빛의 양을 빛 센서로 감지 후 마이크로비트 내장 LED를 켜고 끌 수 있도록 코딩했나요? 성공했다면 무드등 제작은 어렵지 않습니다. 먼저 아래 사진을 참고하면서 3색 LED를 마이크로비트와 연결해봅시다.

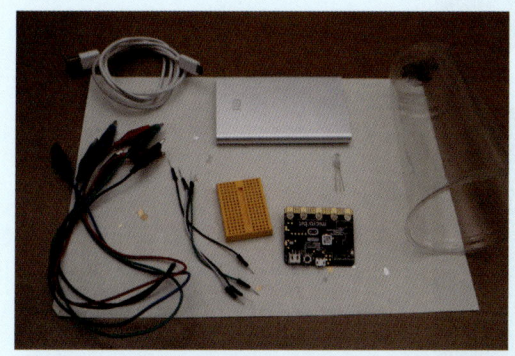

〈준비물〉
마이크로비트, 일회용 컵, 브레드보드, 3색 LED, 보조배터리(건전지 전원장치), 집게전선 4개, 수-수 전선 4개, 한지

①

일회용 컵을 한지로 감싸줍니다. 그림과 글씨를 사용해 예쁘게 꾸미면 더 아름다운 무드등을 만들 수 있습니다.

②

보조배터리와 마이크로비트를 연결하고 0번, 1번, 2번 핀과 GND핀을 집게전선으로 확장해줍니다.

| ③ |  | 3색 LED와 핀 연결에 주의하면서 마이크로비트와 3색 LED를 연결합니다. |
| ④ |  | 한지로 감싼 일회용 컵으로 3색 LED를 덮어 주고 주위를 불을 꺼 주위가 어둡게 된다면 자동으로 무드등이 켜지게 됩니다. |

| 생각 갈무리 | **프로젝트 레벨업** |

무드등 기능 추가하기

무드등에 기능을 하나 추가해볼까요? 사람은 깊게 잠이 들면 주위가 어두운 것이 좋다고 합니다. 따라서 잠들기 전에는 무드등이 켜졌다가 잠들고 나면 무드등이 꺼지는 것이 좋겠지요? 그 기능을 아래 예시를 참고해서 추가해 봅시다.

무드등(자동 꺼짐) 예시코드
1시간(3,600초 = 3,600,000ms) 후 무드등이 꺼지도록 코딩하고, 초기화 변수를 추가하여 빛 센서값이 0보다 커져야만 다시 무드등이 켜질 수 있도록 코드를 만듭니다.

15강 지진 감지기 만들기

마이크로비트의 가속도 센서와 라디오 기능을 이용하여 지진 감지 알리미를 만들어 보자.

땅이 흔들리고, 갈라지고, 건물이 무너지는 끔찍한 상황은 이제 이웃나라 일본에서만 일어나는 일이 아닙니다. 우리나라도 지각변동으로 인한 지진으로부터 더 이상 안전지대가 아닙니다. 이러한 상황에서 마냥 넋 놓고 안전 안내 문자만을 기다려야 할까요? 이제는 여러분들이 마이크로비트를 이용하여 지진 감지 알리미를 만들어 봅시다.

개요	마이크로비트 가속도 센서와 라디오 기능을 이용하여 지진 감지 알리미를 만들어 봅시다.
준비물	마이크로비트(2개), 악어클립 케이블, 피에조 스피커, 5핀 연결 케이블, 배터리팩
사용법	마이크로비트가 흔들림을 감지하면 LED로 위험을 알리고, 라디오 기능을 이용하여 다른 마이크로비트에 알려줍니다.
이럴 때 필요해요	지진뿐만 아니라 산사태와 건물붕괴 직전 진동까지 감지하여 사용자들에게 알려주고, 재난재해로부터 사람들을 보호하여 빠르고 안전하게 대피하기 위해서 필요합니다.

생각 다지기 : 아이디어 마이닝

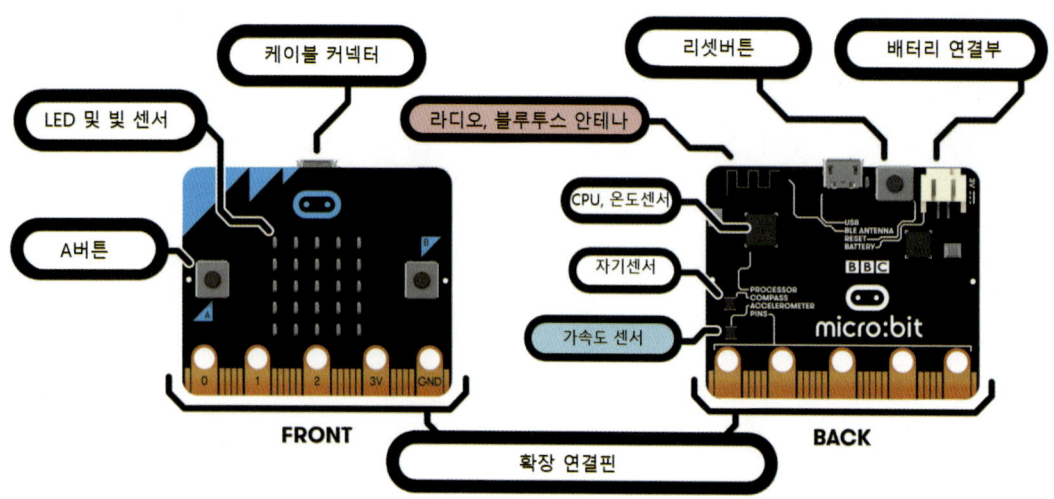

마이크로비트의 가속도 센서 알아보기

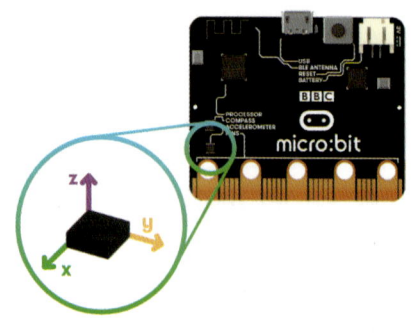

출처: https://microbit.org/ko/guide/features/#accel

가속도계(가속도 센서)는 마이크로비트를 흔들거나 움직일 때, 가속도를 재는 장치입니다. 마이크로비트가 움직여지면 그 움직임을 감지할 수 있습니다. 가속도 센서를 이용하면, 여러 가지 비슷한 동작들을 감지할 수 있습니다. 예를 들어 흔들기, 기울이기, 떨어뜨리기(자유낙하) 등을 감지할 수 있습니다.

마이크로비트의 무선통신(Radio) 기능

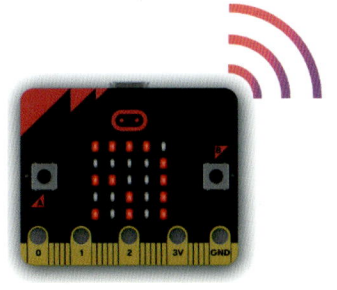

마이크로비트의 라디오 기능을 이용하면 마이크로비트끼리 선이 없이 데이터를 주고받도록 할 수 있습니다. 라디오 기능을 이용하여 다른 마이크로비트에 메시지를 보내고, 멀티 플레이어 게임을 만드는 등 여러 가지로 응용이 가능합니다.

피에조 부저와 악어클립 케이블

피에조 부저는 전기적 신호를 이용하여 소리를 내는 전자부품입니다. 특정 물질에 전기적 신호를 주면 늘었다 줄었다하는 것을 이용한 진동으로 소리를 내는 피에조 효과를 이용하여 소리를 냅니다. 마치 사람이 목에 있는 성대를 떨어서 소리를 내는 것과 같은 원리입니다.

악어클립 케이블은 고무처럼 전기가 통하지 않는 물질로 겉을 감싼 전선의 양 끝에 악어 입 모양의 집게를 단 케이블입니다. 이 집게를 양쪽 전자제품의 회로에 연결하여 전기가 통하도록 할 수 있습니다.

마이크로비트 가속도 센서 입력받기

입력 카테고리의 '감지하면 실행'하기 블록을 자세히 살펴보면, 첫 번째 [흔들림] 메뉴가 있습니다. [흔들림]으로 선택하면, 마이크로비트를 흔드는 것과 같은 움직임을 감지했을 때, 정해진 명령을 실행할 수 있습니다. 마이크로비트가 [흔들림]을 감지했을 때 사람들에게 알리는 방법을 생각해 봅시다.

LED 출력하기

기본 카테고리에는 출력 관련 블록과 실행 및 일시중지 블록이 있습니다.

두번째 [LED 출력] 블록을 사용하여 마이크로비트의 5×5 LED 스크린에 내가 원하는 이미지를 출력할 수 있습니다. 마이크로비트가 사람들에게 위험을 한 눈에 알아보기 쉽게 출력할 수 있는 이미지를 생각해 봅시다.

세 번째 [아이콘 출력] 블록을 사용하여 마이크로비트의 5×5 LED 스크린에 내가 선택한 아이콘을 출력할 수 있습니다. 블록 오른쪽의 삼각형을 클릭하면 아이콘을 선택할 수 있도록 메뉴가 확장됩니다.

소리 출력하기

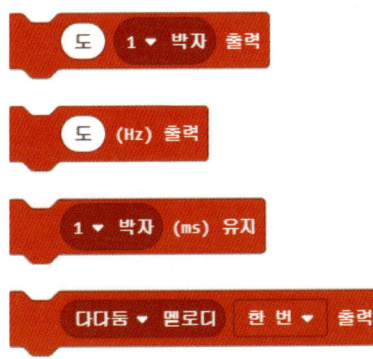

음악 카테고리에는 소리를 출력할 수 있는 여러 블록이 있습니다. 마이크로비트 좌측 아래의 'P0'핀을 통하여 원하는 음과 박자로 소리를 출력할 수 있습니다. 4번째 [멜로디 몇 번 출력] 블록을 사용하여 스피커를 통하여 내장되어 있는 멜로디를 출력합니다. 마이크로비트가 사람들에게 위험을 한번에 알아듣기 쉽게 출력할 수 있는 멜로디를 생각해 봅시다.

마이크로비트 전기회로 구성하기

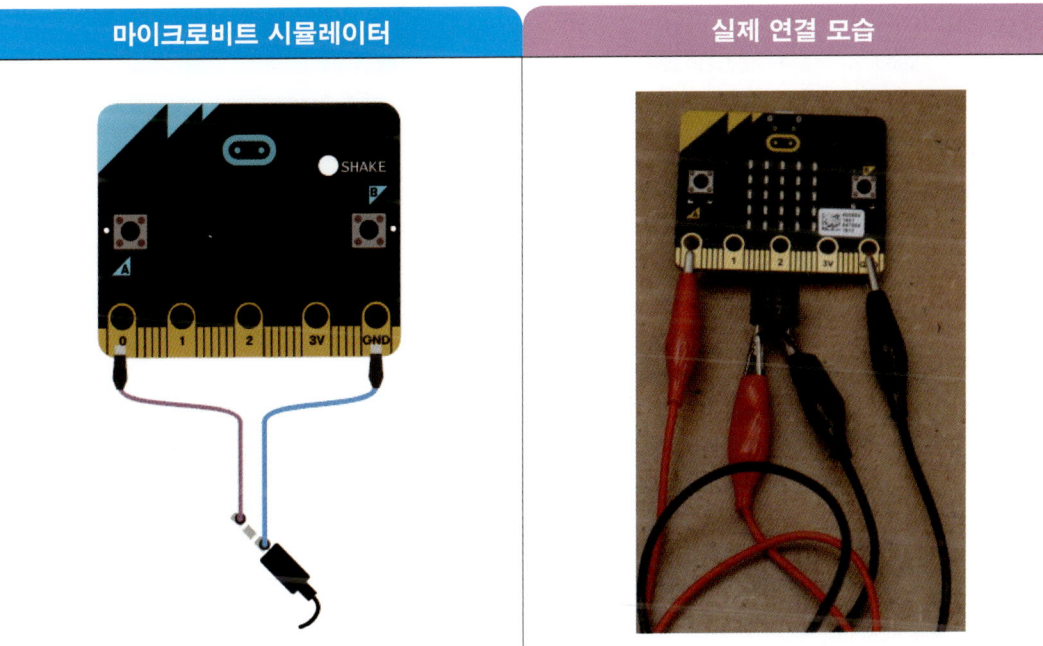

마이크로비트 본체 왼쪽 아래에 있는 0번 핀과 피에조 부저의 (+)핀을 악어클립 케이블로 연결합니다.
마이크로비트 본체 오른쪽 아래에 있는 GND핀과 피에조 부저의 (-)핀을 악어클립 케이블로 연결합니다.

 생각 다지기 : **프로젝트 디자인**

핵심 알고리즘 생각하기

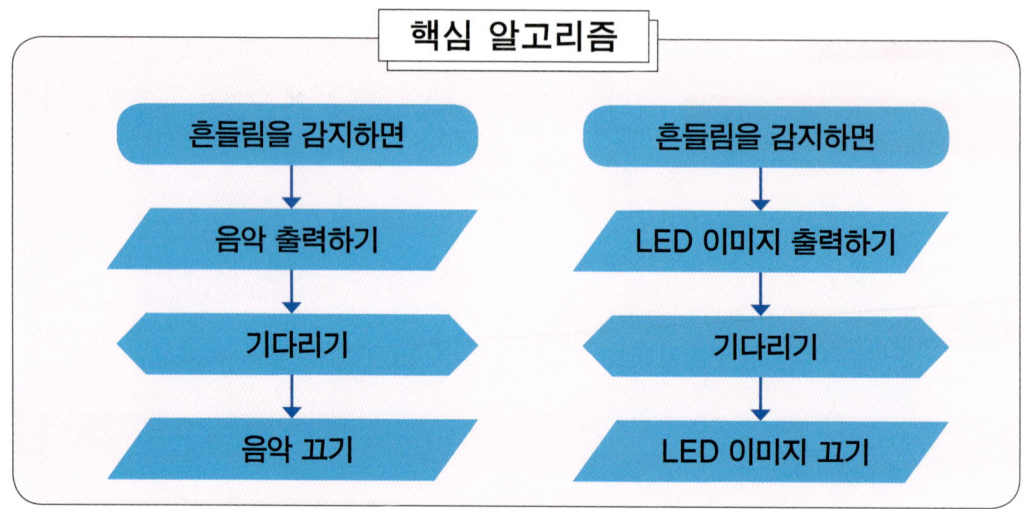

흔들림이 감지되면 LED 이미지와 함께 경고 음악 출력하기

마이크로비트에 흔들림이 감지되었을 때 LED와 음악으로 경고를 하는 알리미를 다음 블록을 참고해서 만들어봅시다.

예)

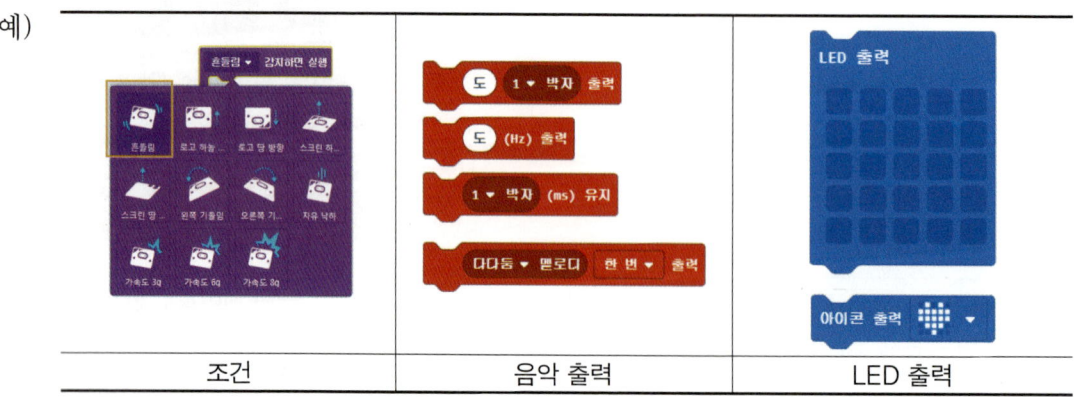

생각 펼치기 : 코딩&메이킹

지진 감지 알리미 코드 만들기

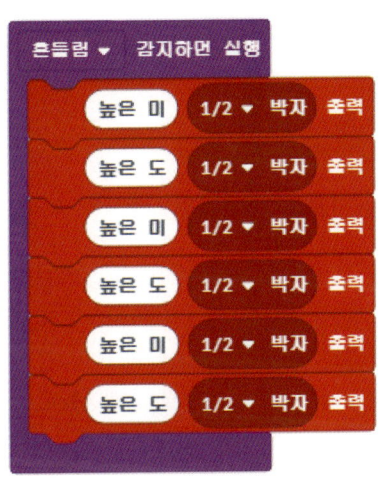

음악 출력

LED 이미지 출력

음악과 LED 이미지 동시 출력

지진 감지 알리미 만들기

①		외부 전원을 주기 위해 마이크로비트의 배터리 소켓과 배터리팩(AA×2)을 연결합니다.
②		소리 출력을 위하여 마이크로비트의 P0핀과 피에조 부저의 (+)핀을 악어클립 케이블로 연결하고, 마이크로비트의 GND핀과 피에조 부저의 (-)핀을 악어클립 케이블로 연결합니다.
③		레고판과 레고블록을 활용하여 지진 감지 알리미 장치를 담을 케이스를 만듭니다.

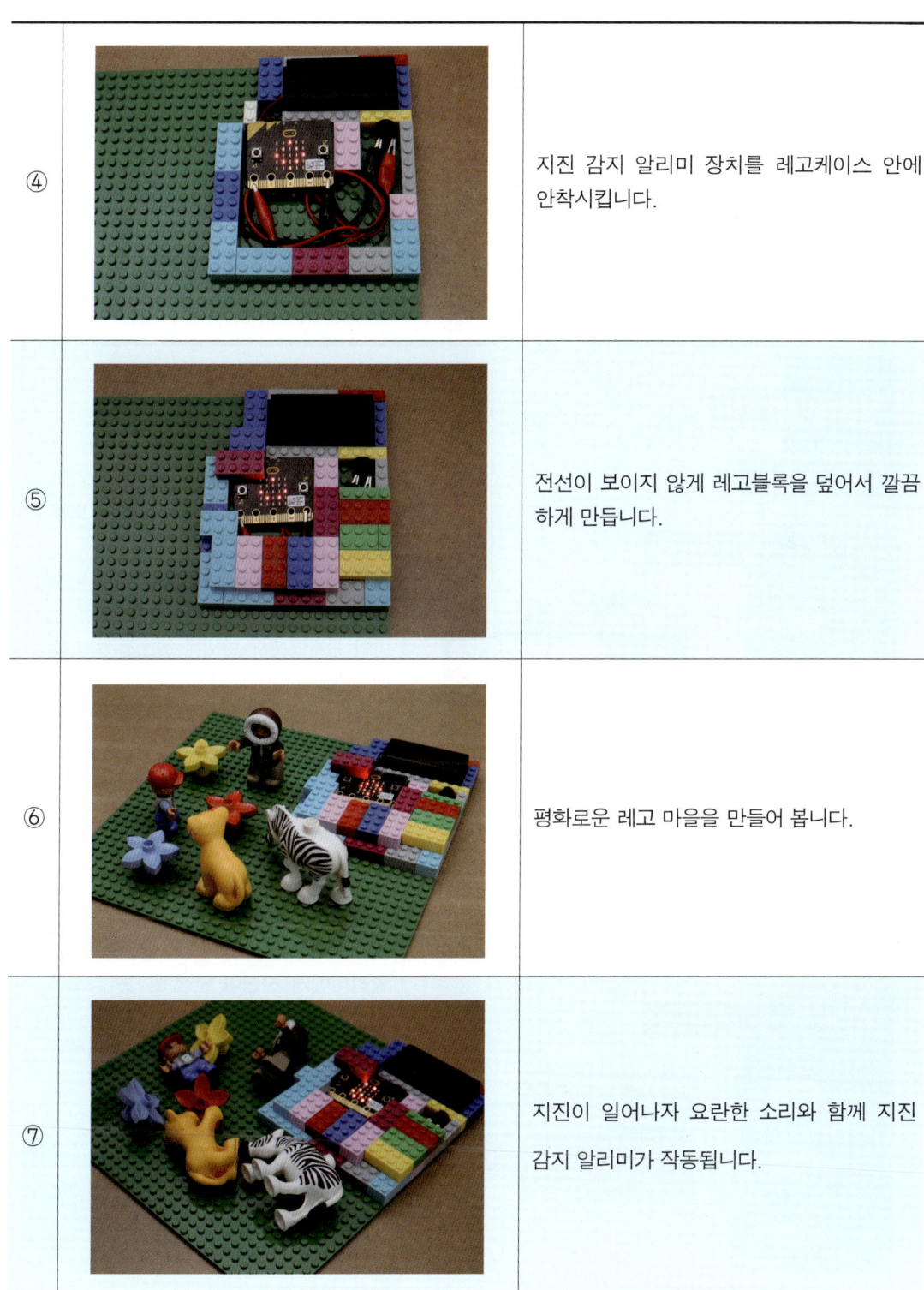

| 생각 갈무리 | **프로젝트 레벨업** |

라디오 통신을 이용한 지진 발생 정보 전달하기

2개의 마이크로비트를 이용하여 멀리 떨어진 또 다른 마이크로비트 지진 감지 알리미에 지진 발생 정보를 전달해 봅시다.

마이크로비트의 라디오 카테고리를 이용하면 정보를 서로 주고받을 수 있습니다.

사용하는 블록은 [라디오 그룹 설정] 블록과 [전송], [수신] 블록입니다.

A지역 지진 감지 알리미
A지역에서 지진이 발생하면 B지역의 알리미에게 지진이 발생했다는 정보를 전달합니다.
동시에 경고 음악과 함께 LED 이미지를 스크린에 출력합니다.
만약 B지역에서 보내온 신호를 받았을 때는 "Location B Warning!!" 문자열과 함께 경고 음악을 출력합니다.

B지역 지진 감지 알리미
B지역에서 지진이 발생하면 A지역의 알리미에게 지진이 발생했다는 정보를 전달합니다.
동시에 경고 음악과 함께 LED 이미지를 스크린에 출력합니다.
만약 A지역에서 보내온 신호를 받았을 때는 "Location B Warning!!" 문자열과 함께 경고 음악을 출력합니다.

16강 모스신호기 만들기

마이크로비트의 라디오 통신과 LED를 이용하여 모스신호기를 만들어 보자.

옛날 배경의 전쟁이나 조난을 당하는 영화에서 '띠~ 띠이이~ 띠~' 같은 소리로 연락을 주고받는 것을 본 적이 있나요? 이것은 모스신호기로 모스부호를 이용해서 정보를 주고받는 장치입니다. 서로의 목소리를 직접 들을 수 있는 오늘날 전화가 만들어지기 전에는 저런 신호로 연락을 주고받았습니다. 지금 생각하면 너무 어렵고 불편하다고 생각하겠지만 그때 당시는 엄청난 발명품이었습니다. 비둘기, 자동차가 빠르다고 해도 모스신호기보다 빠를 수가 없었기 때문입니다. '점과 선으로 대화하기' 이번에는 마이크로비트의 라디오 기능과 버저(buzzer)를 연결해서 모스신호기를 한번 만들어봅시다.

개요	마이크로비트의 라디오 기능과 소리 센서를 연결해서 모스신호기를 만들어보자.
준비물	마이크로비트, 마이크로비트 확장팩, 5핀 연결 케이블, 버저(buzzer), 브레드보드, 핀케이블
사용법	마이크로비트의 'A' 버튼을 누르면 단음, 마이크로비트의 'B' 버튼을 누르면 장음이 출력됩니다. 단음과 장음으로 모스 신호를 주고받을 수 있습니다.
이럴 때 필요해요	모스신호는 1838년 지금으로부터 약 200년 전에 만들어진 통신방법입니다. 오늘날에도 선박끼리 통신할 때 사용하고 있답니다. 친구들과 모스신호기로 대화를 하거나 정보를 주고 받아보세요.

 생각 다지기 : **아이디어 마이닝**

모스부호 알아보기

새뮤얼 모스(1791~1872)의 이름을 딴 모스부호는 알파벳, 숫자, 한글 등을 단음과 장음으로 표현하는 간단한 부호입니다. 장거리 통신의 시작이라고 할 수 있는 이 부호는 전신[4] 작동자들이 전기 신호로 통신이 가능하도록 하였습니다. 1844년에 모스는 미국의 연방의회 앞에서 자신의 부호를 사용한 전신 기술을 많은 사람들 앞에서 시연했습니다. 모든 사람들의 경탄 속에서 그는 '주님이 창조하신 것'이라는 메시지를 워싱턴에서 볼티모어로 전송했으며 그 속도는 어떠한 말이나 자동차로도 따라잡을 수 없을 만큼 빨랐습니다.

미국 정부는 처음 몇 년 동안 모스부호에 대해 회의적인 태도를 보이다가 많은 돈을 들여서 워싱턴-볼티모어 선을 개통하였습니다. 모스부호는 곧 국제적으로 군과 철도, 산업에서 활발하게 사용되었습니다. 라디오 통신의 최초 모습은 모스부호를 라디오를 통해 전송하는 것이었습니다.

모스부호의 단음과 장음으로 이루어져 있으며, 장음은 단음의 3배입니다. 단음은 점, 장음은 선으로 표현합니다. 한 글자를 만드는 부호 사이는 단음의 길이만큼 쉬고, 글자와 글자 사이는 단음의 3배의 길이만큼, 띄어쓰기는 영어는 단음의 7배, 한글은 5배를 쉬어 표현합니다.

모스부호는 현재 거의 다른 통신 수단으로 대체되었지만 선박에서는 지금도 가끔 사용하고 있습니다. 유명한 SOS 신호(단음 세 번, 휴식, 장음 세 번, 휴식, 단음 세 번)는 조난되었을 때 구조를 요청하는 신호입니다.

---

[4] 전류의 자기작용 또는 전파를 이용하여 멀리 떨어진 곳에서 부호신호로 주고받는 통신

모스부호로 변환된 여러 문자와 숫자

·:단음(짧은 음) −:장음(긴 음, 단음의 3배)

문자	부호	문자	부호	문자	부호	문자	부호
A	·−	N	−·	ㄱ	·−··	ㅎ	·−−−
B	−···	O	−−−	ㄴ	··−·	ㅏ	·
C	−·−·	P	·−−·	ㄷ	−···	ㅑ	··
D	−··	Q	−−·−	ㄹ	···−	ㅓ	−
E	·	R	·−·	ㅁ	−−	ㅕ	···
F	··−·	S	···	ㅂ	·−−	ㅗ	·−
G	−−·	T	−	ㅅ	−−·	ㅛ	−·
H	····	U	··−	ㅇ	−·−	ㅜ	····
I	··	V	···−	ㅈ	·−−·	ㅠ	·−·
J	·−−−	W	·−−	ㅊ	−·−·	ㅡ	−···
K	−·−	X	−··−	ㅋ	−··	ㅣ	···
L	·−··	Y	−·−−	ㅌ	−−·	ㅐ	·−−
M	−−	Z	−−··	ㅍ	−−−	ㅔ	−−·−

문자	부호	문자	부호
1	·−−−−	6	−····
2	··−−−	7	−−···
3	···−−	8	−−−··
4	····−	9	−−−−·
5	·····	0	−−−−−

국제 모스부호 협약
(1) 긴 음과 짧은 음의 차이는 3배, −(dah,선)의 길이는 ·(dit,점)의 3배 길이 일 것
(2) 띄어쓰기, 한 글자를 형성하는 선과 점 사이의 간격은 1점과 같을 것
(3) 띄어쓰기, 문자와 문자의 간격은 3점과 같을 것
(4) 띄어쓰기, 단어와 단어의 간격은 7점과 같을 것
(5) 띄어쓰기, 국문의 경우 글자와 글자 사이는 5점과 같을 것

'·'과 '−'을 이용해서 여러 문자들을 모스부호로 변환했습니다. 이것을 이용하면 '개'라는 낱말은 'ㄱ'+'ㅐ'-> ·−·· −−·−라는 모스부호로 변환됩니다.
'파란 하늘'은 −−− ·−· · ·−−− ··−· ···· 로 변환 됩니다.

모스신호기 핵심기능 구현하기

모스부호 출력하기

책의 앞부분에서 버저를 사용해본 것을 기억하나요? 모스부호를 소리로 출력하기 위해 피에조 버저를 사용합니다(15강 지진 감지기 버저 사용).

마이크로비트의 GND와 출력으로 이용할 핀(아래 예시 코드에서는 0번 사용)을 버저에 각각 연결해줍니다. 아래 예시 코드를 참고하여 모스부호를 표현해 봅시다.

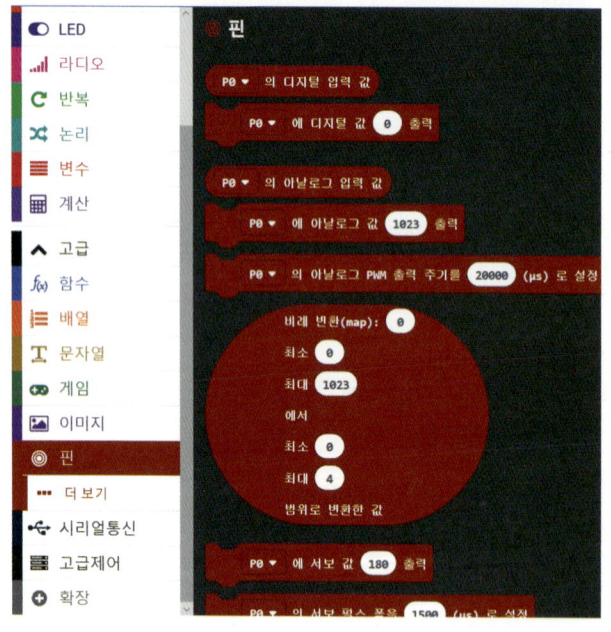

버저를 제어하기 위해서는 디지털 값 출력 블록을 사용합니다. 1을 출력하면 켜지고 0을 출력하면 꺼지게 됩니다.

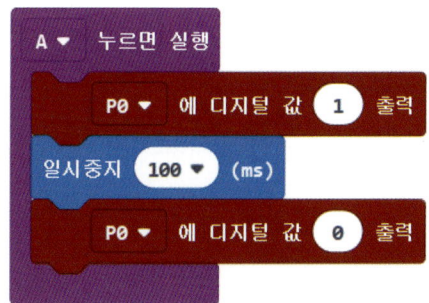

A버튼을 누르면 0번 핀에 0.1초 동안 디지털 값 1(ON)을 출력 후 0(OFF)을 출력합니다. 모스부호의 짧은 음을 표현한 코드입니다.

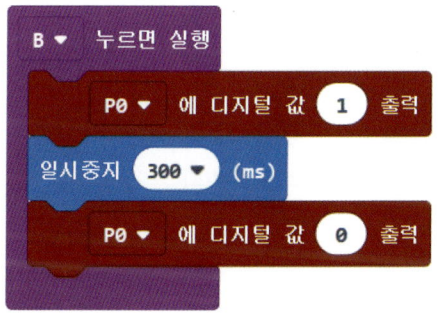

B버튼을 누르면 0번 핀에 0.3초 동안 디지털 값 1(ON)을 출력 후 0(OFF)을 출력합니다. 모스부호의 긴 음을 표현한 코드입니다. 긴 음은 짧은 음의 3배로 표현하여야 하기에 0.3초 동안 소리를 출력합니다.

마이크로비트 모스부호 변환 예

문자	모스부호 변환	마이크로비트로 출력(버튼)
가	· − · ·	ABAA A
APPLE	· − · · − − · − · ·	AB ABBA ABBA ABAA A
BANANA	− · · · − · − ·	BAAA AB BA AB BA AB

16강 모스신호기 만들기 **175**

모스부호 통신하기

버저를 이용해서 모스부호를 소리로 출력하는 것에 성공했나요? 모스부호를 출력하는 기능만으로는 통신을 하기는 부족하고 서로 모스부호를 주고받아야 진정한 통신의 기능을 할 수 있습니다. 마이크로비트끼리 통신을 할 때 사용했던 라디오 기능을 기억하나요? 마이크로비트의 라디오 기능을 이용해 여러 개의 마이크로비트끼리 모스부호로 통신하는 모스신호기를 만들어봅시다.

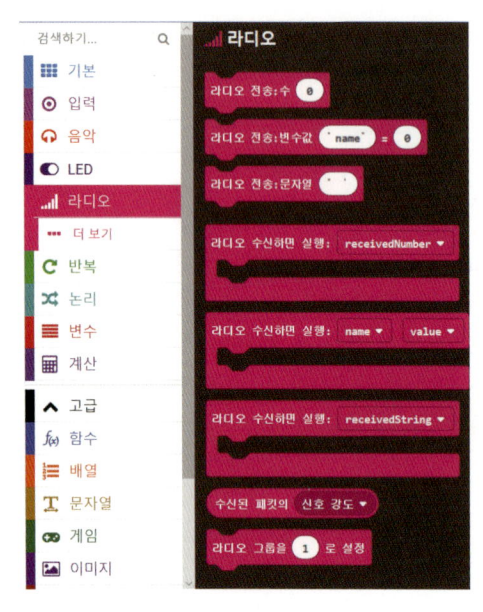

마이크로비트끼리 통신을 할 수 있는 방법 중 하나인 라디오 기능을 사용하기 위한 블록들입니다. 라디오 그룹 설정을 통일하는 것과 전송하는 정보의 타입(숫자, 변수, 문자)을 고려해야 합니다.

모스부호를 주고받을 그룹을 지정합니다.

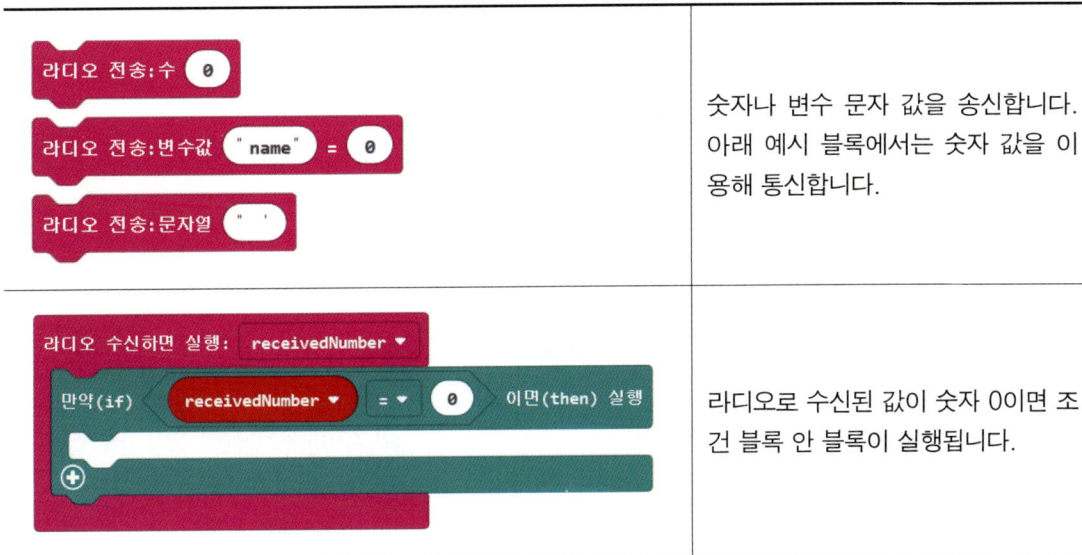	숫자나 변수 문자 값을 송신합니다. 아래 예시 블록에서는 숫자 값을 이용해 통신합니다.
	라디오로 수신된 값이 숫자 0이면 조건 블록 안 블록이 실행됩니다.

핵심 알고리즘 생각하기

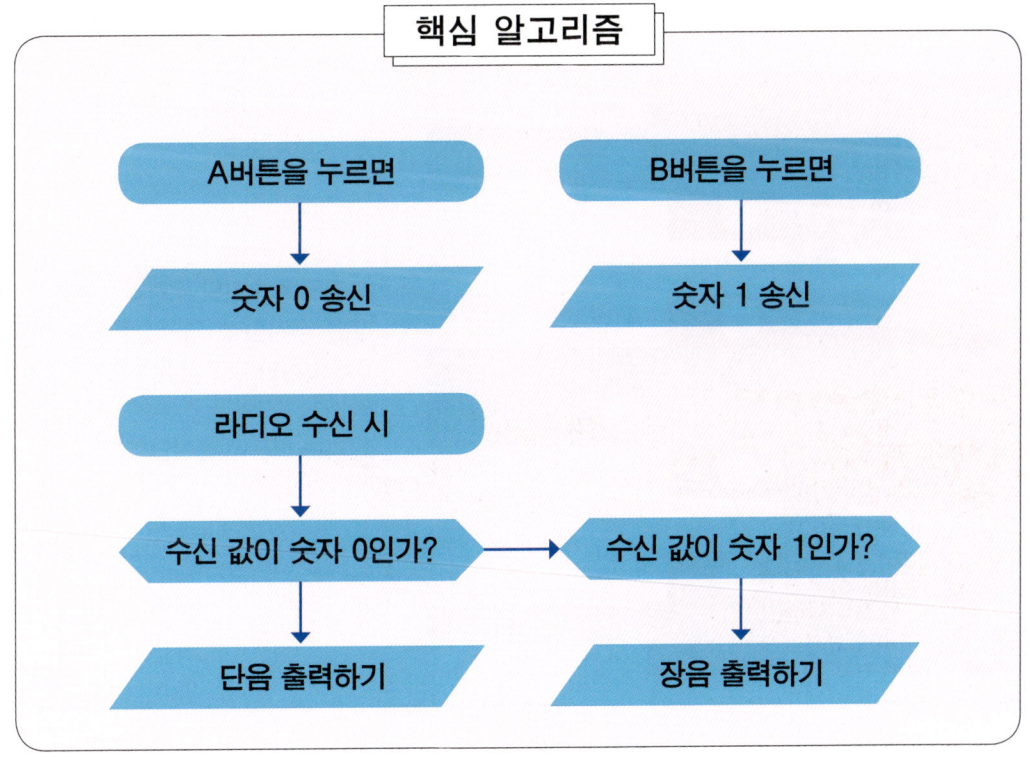

모스신호기 코딩하기

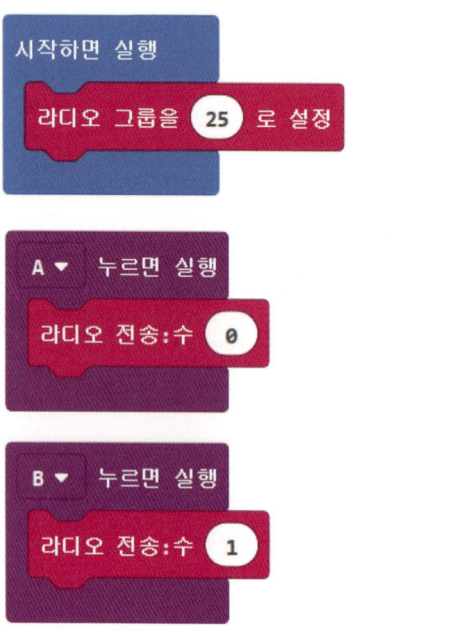

시작하면 라디오 그룹을 25로 설정하고 A버튼을 누르면 숫자 0을 전송, B를 누르면 숫자 1을 전송합니다.

라디오로 수신된 숫자가 0이면 0.1초 동안 디지털값 1을 출력하고, 1이면 0.3초 동안 디지털값 1을 출력합니다. 즉, 숫자 0이 수신되면 단음, 1이 수신되면 장음을 출력합니다.

모스신호기 제작하기

〈준비물〉
마이크로비트 2개, 건전지 전원장치 2개, 브레드보드, 버저, 수-수 전선 2개, 확장키트

①

송신(신호 보내기) 기능만 필요할 때는 확장키트와 버저를 연결할 필요가 없습니다.

②

송신(신호 보내기), 수신(신호 받기) 기능을 둘다 필요한 모스신호기는 확장키트와 브레드보드를 이용해서 버저까지 연결합니다. 연결 시 코드에서 사용한 핀으로 연결하는 것에 주의합니다.

| 생각 갈무리 | **프로젝트 레벨업** |

모스부호 전송 시작 알리기

이번에 만든 모스신호기는 모스부호가 수신되기 시작할 때를 알려주는 기능이 없어 불편한 점이 있습니다. 이를 해결하기 위한 전송 시작을 알려주는 방법을 고민해봅시다. 아래에 LED를 이용한 방법과 버저를 이용한 방법 두 가지를 소개합니다.

A+B 버튼을 누르면 숫자 3을 전송하고 3을 수신받았을 때 1초 동안 길게 버저를 울려 모스부호를 수신하는 사람이 준비할 수 있도록 합니다.

디지털 1번핀에 LED를 연결합니다. A+B 버튼을 누르면 숫자 3을 전송하고 3을 수신받았을 때 LED가 1초 동안 켜지도록 합니다.

17강 리액션 타이머 만들기

마이크로비트의 확장핀과 여러 가지 변수 블록을 이용하여 리액션 타이머를 만들어 보자.

투수가 던진 공을 타자가 야구방망이로 치기 위해서 타자의 몸에서는 어떤 일들이 벌어질까요? 타자는 눈을 통해 투수가 던진 공을 시각적 자극으로 받아들입니다. 이 정보가 말초 신경계를 통해 뇌로 가죠. 뇌는 시각 정보를 해석하여 공을 어떻게 칠지를 결정하고 다시 말초 신경계를 통해 근육에 명령을 내립니다. 명령을 받은 근육 등 운동 기관은 팔을 휘둘러 야구 방망이로 공을 치게 되죠. 컴퓨터의 구조와도 유사하지 않나요? 이제는 여러분들이 마이크로비트를 이용하여 리액션 타이머를 만들어서 이와 같은 자극에 대한 반응 과정을 시간으로 측정도 해보고 친구와 순발력 대결도 해 봅시다.

개요	마이크로비트 확장핀과 여러 가지 변수 블록을 이용하여 리액션 타이머를 만들어 봅시다.
준비물	마이크로비트, 악어클립 케이블(4개), AA건전지 2개와 배터리팩, 판지, 알루미늄 호일, 유성 매직
사용법	마이크로비트가 LED로 신호를 보내면, 사용자가 즉시 알루미늄 호일을 터치합니다. 우리 감각의 반응시간을 측정하여 마이크로비트가 알려줍니다.
이럴 때 필요해요	우리 몸에 자극이 전달되어 반응하기까지 시간을 측정하거나, 친구와 순발력 대결을 하기 위해서 필요합니다.

 생각 다지기 : 아이디어 마이닝

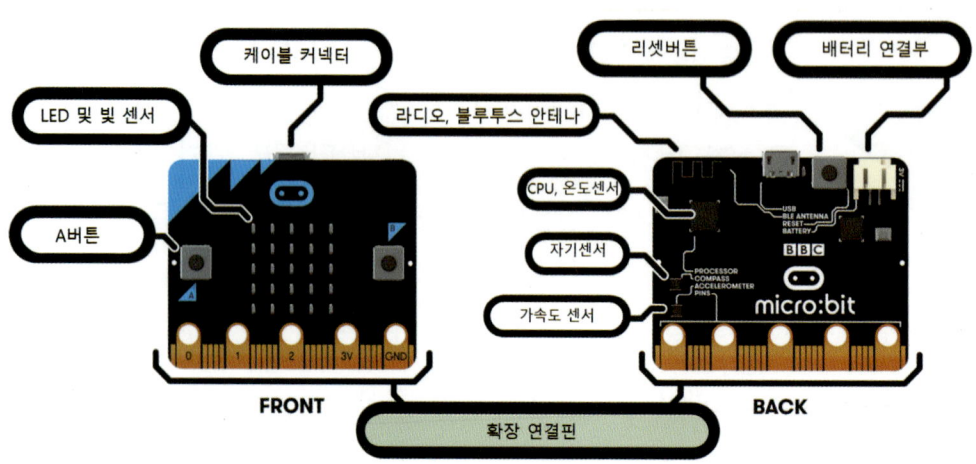

마이크로비트의 확장핀

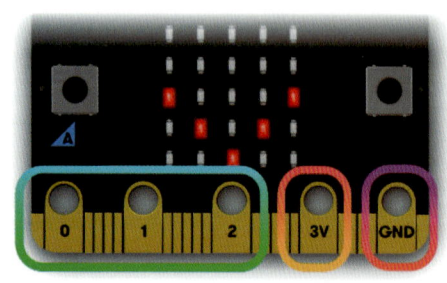

출처. http://microbit.org/ko/guide/features/#pins

마이크로비트의 엣지 커넥터에는 25개의 외부 장치 연결용 확장핀이 있습니다. 모터, LED 등과 같은 전기 부품을 연결시켜 동작시키거나, 여러분이 작성한 프로그램으로 동작시키는 다른 센서들도 연결시킬 수 있습니다. 0번~2번 핀은 디지털 컨버터 기능을 겸한 입출력핀으로서 MakeCode Editor의 입력 블록을 활용해서 센서나 전기 부품을 동작시킬 수 있습니다. 3V핀은 전력 소모량이 많은 모터 같은 부품에 추가 전력을 공급할 수 있습니다. GND핀은 다른 확장핀과 함께 사용하며 회로를 완성하기 위한 접지 부분입니다.

필요한 준비물-악어클립 케이블과 알루미늄 호일

악어클립 케이블은 고무처럼 전기가 통하지 않는 물질로 겉을 감싼 전화선이나 전력선 같은 전선의 양 끝에 악어 입 모양의 집게를 단 케이블입니다. 이 집게를 양쪽 전자제품의 회로에 연결하여 전기가 통하도록 할 수 있습니다.

알루미늄 호일은 전기가 잘 통하는 도체입니다. 사람 또한 전기가 잘 통하는 도체에 속하는데 악어클립 케이블과 연결하여 사용자의 손과 접촉하여 하나의 회로를 구성할 수 있도록 도와줍니다.

마이크로비트 확장핀 신호 입력받기

입력 카테고리의 [연결(on)되면 실행] 블록에 대해 살펴봅시다. 마이크로비트의 핀0, 1, 2와 GND핀이 회로를 통해 연결한 경우 블록 안의 코드를 실행합니다. 즉 회로를 통하여 전류가 흘렀을 때 코드를 실행하는 것입니다. 기본 3가지 핀을 제공하며 확장핀을 통하여 25개의 외부 장치와 연결할 수 있습니다. 마이크로비트가 확장핀을 통하여 터치를 감지했을 때 반응시간을 알리는 방법을 생각해 봅시다.

LED 출력하기

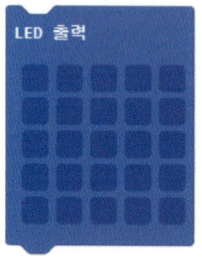

기본 카테고리에는 출력 관련 블록과 실행 및 일시중지 블록이 있습니다. 두번째 [LED 출력] 블록을 사용하여 마이크로비트의 5×5 LED 스크린에 내가 원하는 이미지를 출력할 수 있습니다. 마이크로비트가 사람들에게 부정 터치했을 때나 정상적으로 터치했을 때 반응시간을 출력할 수 있는 이미지를 생각해 봅시다.

변숫값 설정하기

변수 카테고리에는 [변수 만들기] 블록을 통하여 변수를 만들고 설정할 수 있습니다. 리액션 타이머를 만들기 위해서는 사용자의 반응 속도를 측정하기 위한 방법을 만들어야 합니다. 시간 데이터를 기록하는 변수, 반응 시간 측정이 적절하게 되었는지 부정 시작 되었는지 확인하는 변수를 설정하는 방법을 생각해 봅시다.

마이크로비트 전기회로 구성하기

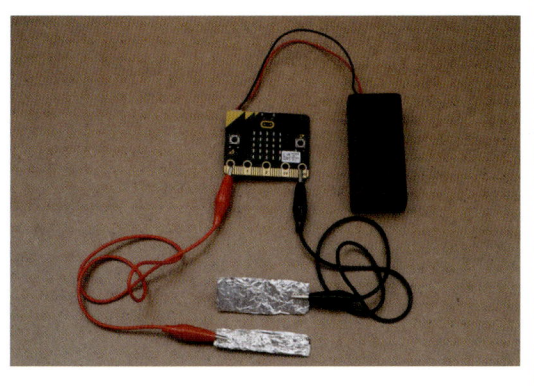 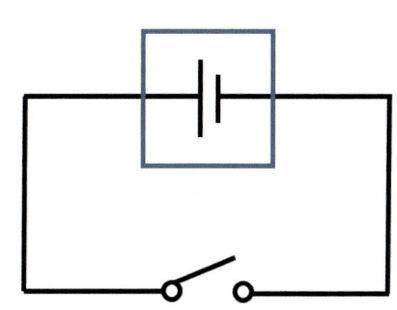

마이크로비트의 확장핀 0번(P0)과 GND핀이 연결되지 않은 상태입니다.
〔'P0' 연결(on)되면 실행〕 블록에 포함된 모든 코드가 실행되지 않습니다.
회로가 구성되지 않았기 때문에 전류가 흐를 수 없습니다. 따라서 마이크로비트는 현재 상태를 P0가 연결이 되지 않았다(off)고 인식합니다.

 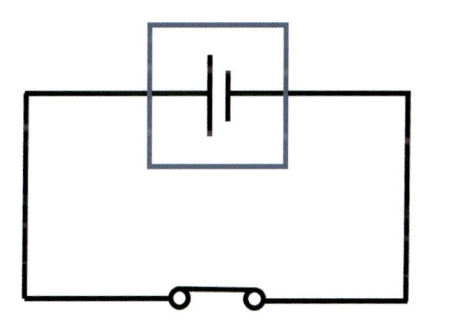

마이크로비트의 확장핀 0번(P0)과 GND핀이 연결된 상태입니다.
〔'P0' 연결(on)되면 실행〕 블록에 포함된 모든 코드가 순차적으로 실행됩니다.
마이크로비트는 위와 같이 회로가 완성되어 전류가 흐르는 것을 감지할 수 있습니다. 그림의 2장의 알루미늄 호일이 만나는 것은 마치 버튼을 누르는 것과 같은 효과를 내기 때문에 이것을 이용하여 또 하나의 새로운 입력 장치를 만들 수 있습니다.

생각 다지기 : 프로젝트 디자인

핵심 알고리즘 생각하기

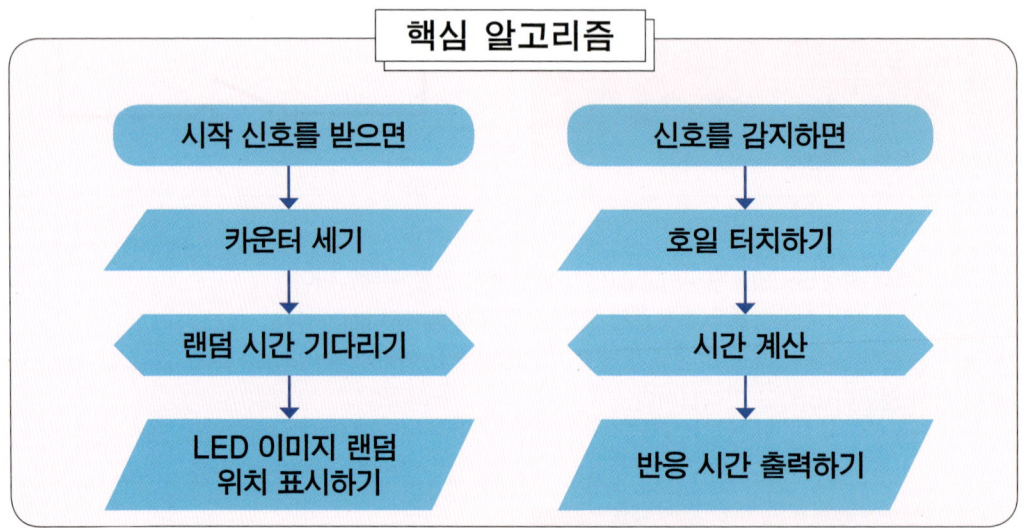

터치가 감지되면 LED 이미지와 함께 반응 시간 출력하기

마이크로비트에 터치가 감지되었을 때 LED창으로 반응 시간을 알려주는 리액션 타이머를 다음 블록을 참고해서 만들어봅시다.

예)

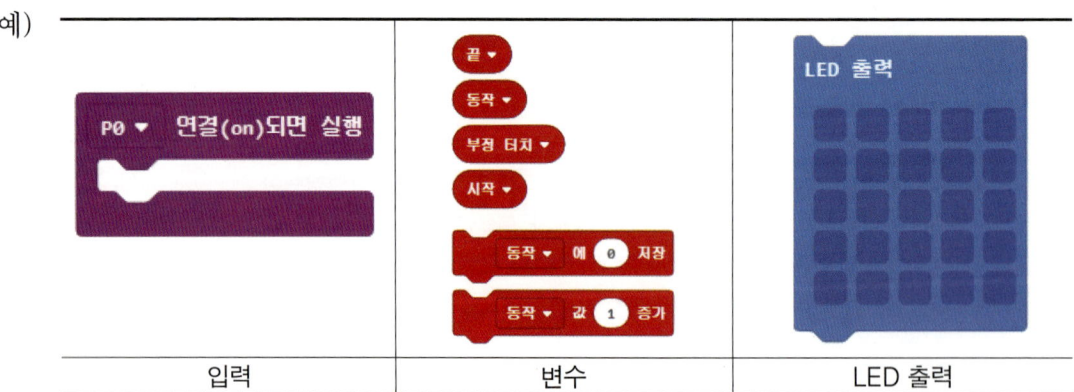

 생각 펼치기 : **코딩&메이킹**

리액션 타이머 코드 만들기

1 1단계
변수 만들기

리액션 타이머를 만들기 위해서는 사용자의 반응 속도를 측정하는 방법을 생각하여 코드로 만들어야 합니다. 그럼 시간 데이터를 기록하기 위한 변수들을 만들어야 하겠죠? 시간을 재려면 시간 측정을 시작하는 시점과 측정을 완료하는 시점을 생각해야 합니다. 즉, 측정하는 사람의 반응이 시작되고 끝나는 시각을 저장하는 변수를 만들어야 반응 시간을 측정할 수 있습니다. 또한 반응 시간이 적절하게 측정되었는지 부정한 방법(예를 들면 계속해서 측정 버튼을 누르고 있는 경우)으로 시작되었는지도 확인할 수 있도록 변수를 설정합니다. 동작과 부정터치 변숫값을 논리 카테고리의 [거짓] 블록으로 설정합니다. 이는 아직 리액션 타이머 프로그램이 동작을 하지 않았다는 것과 부정 터치를 하지 않았다는 것을 의미하는 프로그램 초기화를 뜻합니다.

변수만 설정했을 경우 미리보기 실행화면에는 아무런 변화가 없습니다.

2 2단계

카운트다운 타이머 만들기

마이크로비트의 P0핀에 연결된 시작 버튼 호일을 터치했을 때 시작을 알리는 카운트다운 타이머가 필요합니다. 3개의 수 출력 블록을 이용해 카운트다운 숫자를 3부터 내림차순으로 순서대로 출력할 수 있도록 합니다. 3, 2, 1 숫자를 화면에 출력한 후 숫자를 지우기 위해 [LED 스크린 지우기] 블록을 추가합니다. 그리고 동작과 부정터치 변숫값을 논리 카테고리의 [거짓] 블록으로 설정합니다. 만약 프로그램이 작동되어 동작이나 부정터치 변숫값이 [참]으로 설정되어 있더라도, 이 값을 [거짓]으로 바꿔서 프로그램의 실행 준비를 의미합니다. P0핀과 GND핀이 연결되어 1~1,023까지 아주 약간의 전류가 흐르게 되면 LED 화면을 통하여 카운트다운이 시작됩니다.

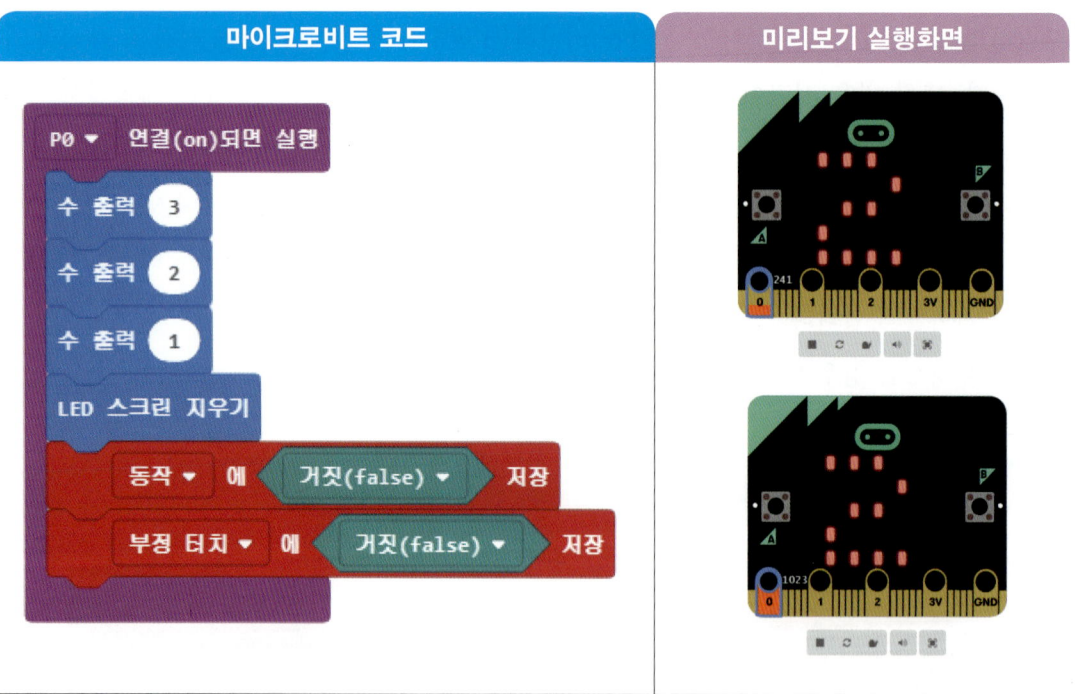

3 3단계
반응시간 측정을 랜덤으로 시작하기

마이크로비트의 P0핀에 연결된 시작 버튼 호일을 터치했을 때 랜덤으로 일정 시간이 흐른 후 LED 매트릭스 5×5 중 어느 한 LED에 불이 들어오는 랜덤 신호를 만들어 봅시다. 먼저, 계산 카테고리의 [0~10까지의 정수 랜덤값] 블록을 [일시중지] 블록과 함께 사용하여 1~3초 후에 랜덤 신호가 발생되도록 설정해 봅시다. 만약 특정 시간을 1~3초와 같이 임의로 지정하지 않고 정해 버리면 사용자는 몇 번 리액션 타이머를 사용한 후에 랜덤신호가 발생하는 시각을 예측할 수 있다. 따라서 매번 시작할 때마다 랜덤으로 시간이 지난 후 랜덤신호를 발생시키도록 코드를 만들면 사용자는 언제 LED에 불이 들어올지 몰라 집중하게 되며 재미를 느낄 수 있습니다. 이 랜덤신호가 LED 매트릭스에 표시되기 전에 측정버튼을 터치하게 되면 부정 터치로 간주합니다. 부정 터치가 아닌 경우에만 반응시간 측정을 시작하도록 코드를 만들고 반응 시간 측정이 시작되면 랜덤으로 LED가 켜지는 랜덤신호를 만들어 봅시다.

[작동시간(ms)] 블록은 입력의 더보기 카테고리에 있으며 프로그램이 실행된 후 흐른 시간을 밀리초 단위로 알 수 있습니다.

[LED 스크린 애니메이션 중단 및 삭제] 블록은 LED의 더보기 카테고리에 있으며 재생 중인 애니메이션과 대기 중인 애니메이션을 모두 삭제하는 역할로서 랜덤 신호를 LED에 띄우기 전 남아있을지 모르는 출력 이미지를 모두 삭제합니다.

 P0핀과 GND핀이 연결되어 1~1,023까지 아주 약간의 전류가 흐르게 되면 LED 화면을 통하여 카운트다운이 시작된 후 랜덤 시간(1,000~3,000밀리초)이 흐른 후 25개의 LED 매트릭스 중 임의의 하나의 LED에 불이 켜지는 랜덤신호가 발생됩니다.

마이크로비트 코드	미리보기 실행화면

4 4단계

반응시간 출력하기

마이크로비트의 랜덤신호를 인지하고 사용자가 P1핀에 연결된 측정 버튼을 터치했을 때 걸리는 시간을 출력하는 프로그램을 만들어 봅시다. 먼저, 한 손을 GND핀에 연결된 접지 버튼 호일에 터치하고 다른 손은 P1에 연결된 측정 버튼 호일을 터치했을 때를 감지하는 코드를 추가합니다. 동시에 마이크로비트에서 타이머가 흐르기 시작한 시간부터 회로가 연결되어 전기가 흐르기 시작할 때까지의 시간을 밀리초 단위로 읽어오는 코드를 추가합니다. 이때, 부정 터치가 아닌지도 검사하는 논리 코드를 생각해 봅시다.

시작 버튼을 터치한 후 카운트다운이 시작되고 랜덤신호가 형성되기 전까지 측정 버튼을 터치하지 않으면 동작 변수가 '참'이 되어 반응 시간을 측정합니다. 만약 이 과정 중간에 측정 버튼을 터치하면 동작 변수가 '거짓'인 상태가 되어 부정 터치 변수가 '참'으로 바뀌면서 LED 화면에 부정 터치를 의미하는 '×' 표시가 나타납니다. 즉, 시작버튼을 터치한 후 부정 터치도 아닌 상태 그리고 동작인 참인 상태로 넘어간 뒤에 측정 버튼을 터치해야만 반응시간이 출력됩니다.

이때는 'Ⅱ'표시 출력 후 이어서 반응시간이 슬라이드로 표시됩니다.

반응시간은 측정버튼을 터치할 때까지 마이크로비트 작동시간에서 랜덤신호를 발생할 때까지 마이크로비트 작동시간을 뺀 시간을 의미합니다.

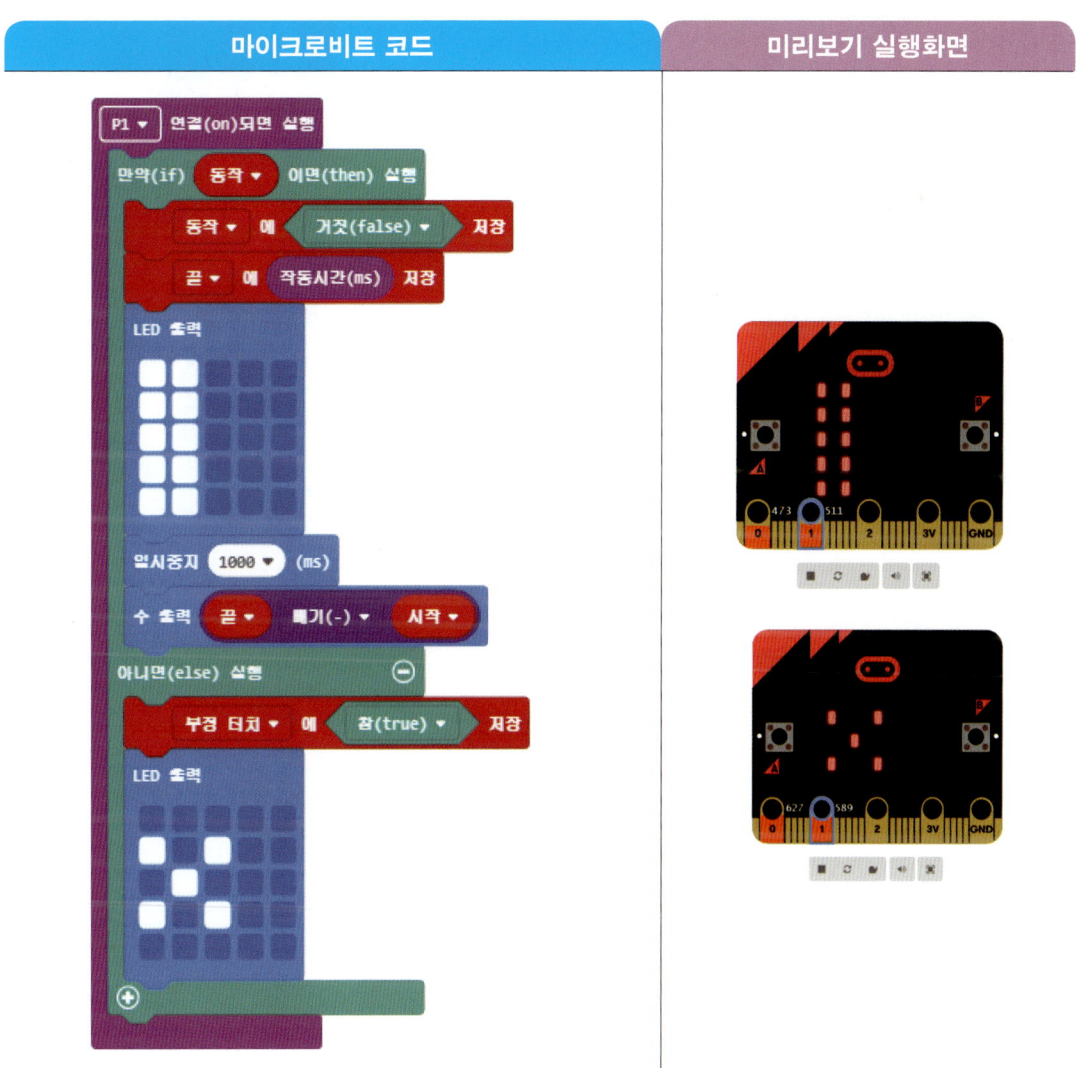

5 5단계
최종 프로그램 코드 확인하기

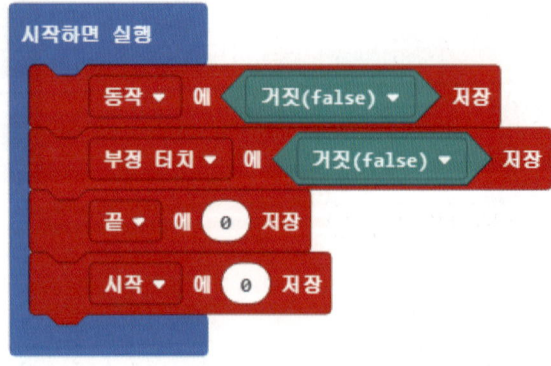

| 시작버튼(P0핀) 코드 | 측정버튼(P1핀) 코드 |

프로그램 초기화 코드

리액션 타이머 만들기

①		외부 전원 공급을 위해 마이크로비트의 배터리 소켓과 배터리팩(AA×2)을 연결합니다.
②	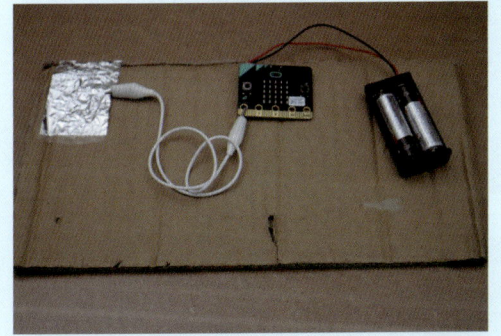	시작 버튼 역할을 하는 마이크로비트 크기의 알루미늄 호일과 마이크로비트의 P0핀을 악어클립 케이블로 연결합니다.
③		마이크로비트의 GND핀과 사용자의 한쪽 손을 올려두기 위한 적당한 크기의 접지 버튼 역할을 하는 알루미늄 호일을 악어클립 케이블로 연결합니다. 여기에 한 쪽 손을 올리고 다른 한 손가락으로 P0핀에 연결된 호일을 터치하면 회로가 구성됩니다.

④		사용자가 LED 신호를 감지했을 때 눌러서 반응 시간을 재는 역할을 하는 측정 버튼을 만들기 위하여 마이크로비트 크기의 알루미늄 호일과 마이크로비트의 P1핀을 악어클립 케이블로 연결합니다.
⑤	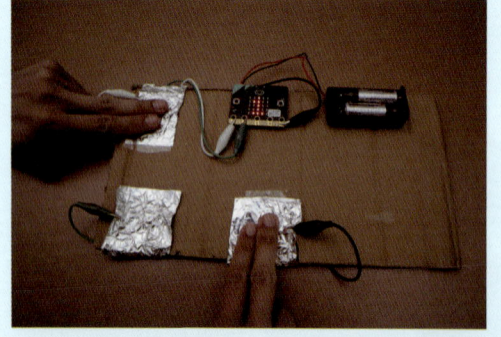	악어클립 케이블이 각 버튼 호일과 겹치거나 보이지 않게 판지 뒤쪽으로 숨겨서 깔끔하게 마감합니다.
⑥		사용자의 한 손은 접지 버튼 호일을 터치하고 또 다른 손은 시작 버튼 호일을 터치한 뒤 LED 창의 랜덤 신호를 기다립니다.
⑦		랜덤으로 LED 신호가 뜬 것을 인지하고 P1에 연결된 호일을 터치하면 사용자의 반응 시간이 LED에 표시됩니다.

| 생각 갈무리 | **프로젝트 레벨업** |

리액션 타이머 대결 게임 만들기

리액션 타이머에 1개의 측정 버튼 역할을 하는 호일을 추가하여 친구와 함께 누가 더 자극에 대한 반응시간이 빠른지 대결해 봅시다.

사용자2는 사용자1과 함께 타이머가 흐르기 시작하면 한손을 GND핀과 연결된 접지 버튼 호일에 터치한 상태에서 LED 랜덤 신호를 기다렸다가 다른 손으로 P2핀에 연결된 측정2 버튼을 터치하면 됩니다.

사용하는 블록은 [변수] 블록과 [연결되면 실행], [LED 출력] 블록이며 리액션 타이머 프로그램의 측정버튼(P1핀) 코드를 약간 수정하여 추가하면 완성입니다.

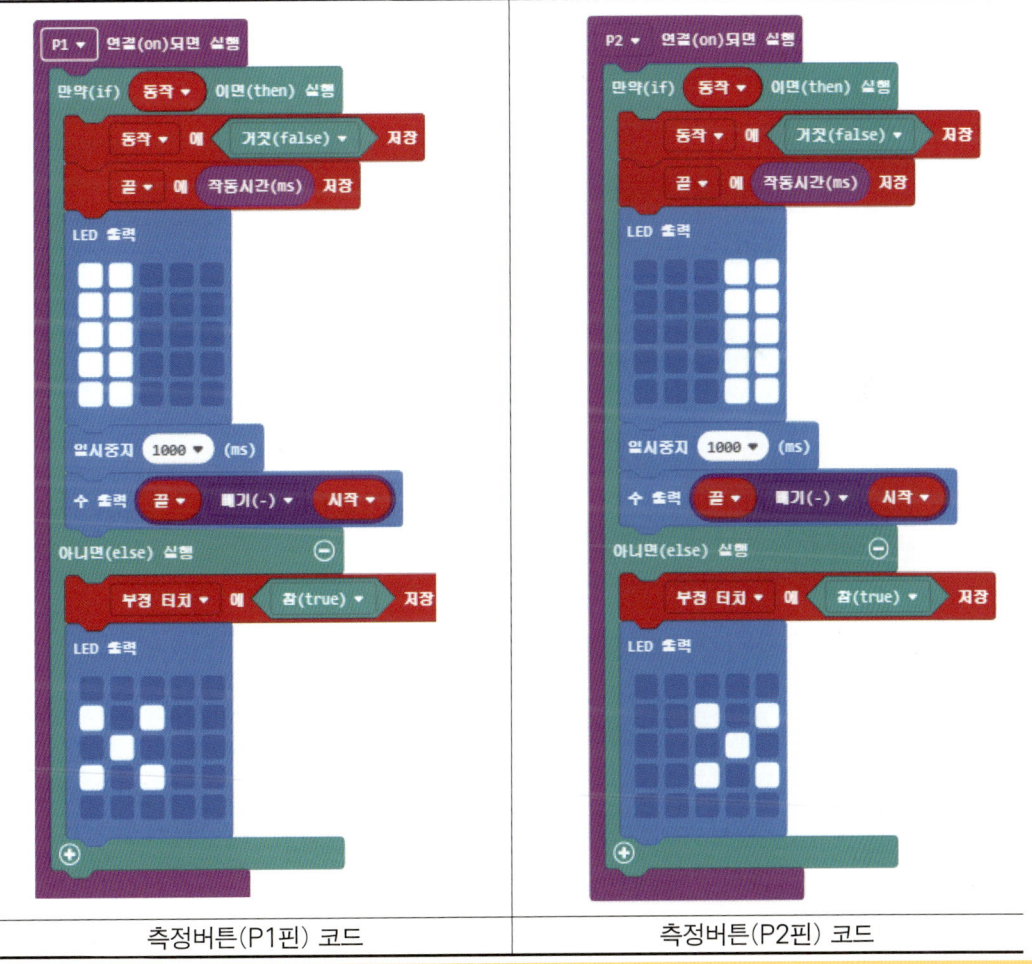

| 측정버튼(P1핀) 코드 | 측정버튼(P2핀) 코드 |

17강 리액션 타이머 만들기 **195**

| 생각 갈무리 | **프로젝트 레벨업** |

리액션 타이머 대결 게임 만들기

①	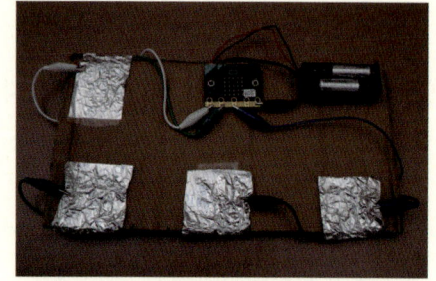	사용자2가 LED 신호를 감지했을 때 눌러서 반응 시간을 재는 역할을 하는 측정2 버튼을 만들기 위하여 마이크로비트 크기의 알루미늄 호일과 마이크로비트의 P2핀을 악어클립 케이블로 연결합니다.
②	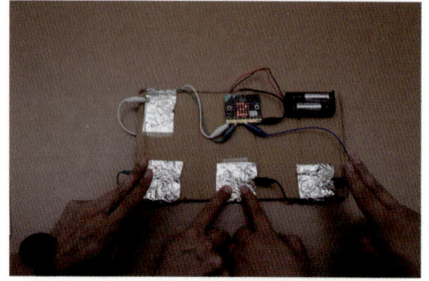	사용자1과 사용자2의 한 손은 접지 버튼 호일을 터치하고 각 사용자의 또 다른 손은 시작 버튼 호일을 터치한 뒤 LED 창의 랜덤 신호를 기다립니다. 사용자1과 사용자2의 또 다른 손은 각각의 측정 버튼을 터치할 준비를 합니다.
③	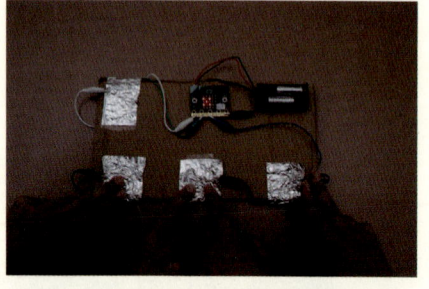	시작 버튼을 터치한 뒤 LED 창의 랜덤 신호가 뜨기 전에 사용자가 미리 측정 버튼을 터치하면 그림과 같이 부정 터치를 의미하는 [X] 표시가 뜹니다.
④		만약 사용자2가 사용자1보다 LED 신호를 감지했을 때 측정2 버튼을 사용자1보다 먼저 터치했다면 LED 창의 오른편에 두 줄이 표시된 다음, 반응 시간이 뜨게 됩니다.

18강 전자 악기 만들기

마이크로비트로 나만의 전자 악기를 만들어보자.
세상에는 피아노, 바이올린, 가야금뿐만 아니라 정말 다양한 악기들이 존재합니다. 이러한 악기들 중에서 전자기타나 디지털 피아노처럼 전자장치를 통해서 음악을 만들어내는 악기들도 있습니다. 전자 악기들은 어떤 원리로 작동될까요? 마이크로비트로 나만의 전자악기를 만들어 보면서 전자장치는 어떻게 소리를 만들어내는지 알아봅시다.

개요	마이크로비트의 핀 연결과 스피커 연결을 통해 악기 만들기
준비물	마이크로비트, 이어폰, 골판지, 집게 전선, 5핀 연결 케이블, 마이크로비트 확장키트
사용법	전기가 통하는 물체로 줄을 건드리면 음이 연주된다.
이럴 때 필요해요	컴퓨터를 이용해서 악기를 만들어 연주해 보고 싶을 때 유용합니다.

 생각 다지기 : **아이디어 마이닝**

마이크로비트 핀 연결

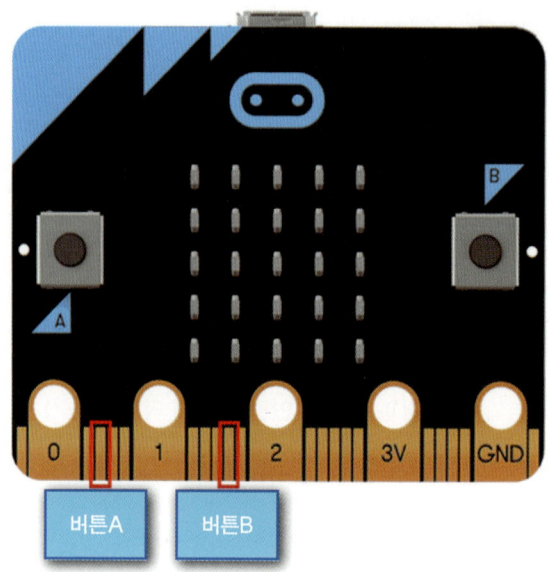

마이크로비트의 각 핀은 GND와 연결되어 회로에 전류가 흐르게 할 수 있고, 디지털 핀의 연결 상태를 확인하여 프로그래밍에 활용할 수 있습니다. 특히, 5번 핀(P5)과 11번 핀(P11)은 각각 버튼A와 버튼B를 누른 것과 같은 효과를 볼 수 있습니다.

핀 연결을 활용할 수 있는 블록들

아래 블록들을 이용하여 버튼A(P5), 버튼B(P11), P1, P2 등 4개 핀의 연결 상태를 확인하고 이를 프로그래밍에 활용할 수 있습니다.

	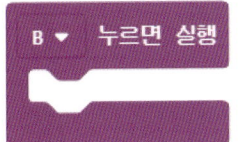	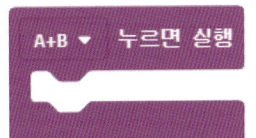	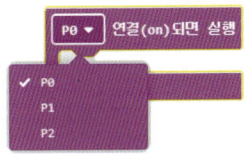
버튼A를 직접 누르거나 P5가 GND와 연결되면 실행	버튼B를 직접 누르거나 P11가 GND와 연결되면 실행	버튼A와 버튼B 동시에 누르거나 P5와 P11가 GND와 동시에 연결되면 실행	P0~P2가 GND와 연결되면 실행 (소리 재생 시에는 P0은 사용 불가)

> **TIP** 나머지 핀은 어떻게 어떻게 사용할 수 있을까?
>
> 마이크로비트는 21개의 핀을 GND와 연결하여 입출력 등에 사용할 수 있습니다. 그런데 위에서 제시된 블록을 사용할 경우에는 최대 5개 그나마도 소리를 사용할 경우에는 4개까지 밖에 사용할 수 없습니다. 그렇다면 핀들을 사용하려면 어떤 블록이 필요할까요? 바로 고급에 있는 '핀' 카테고리의 블록들을 사용하면 됩니다.

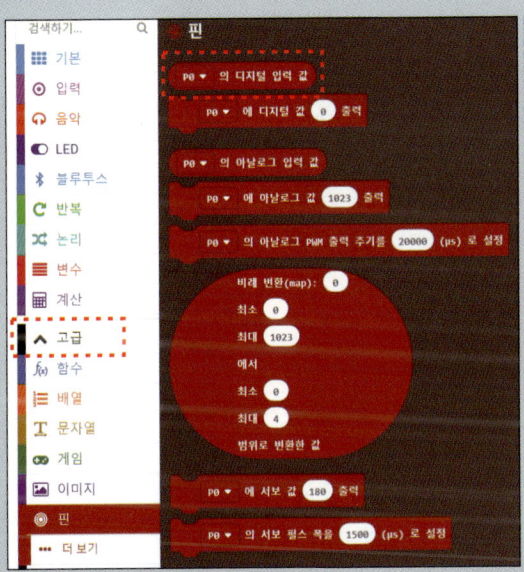
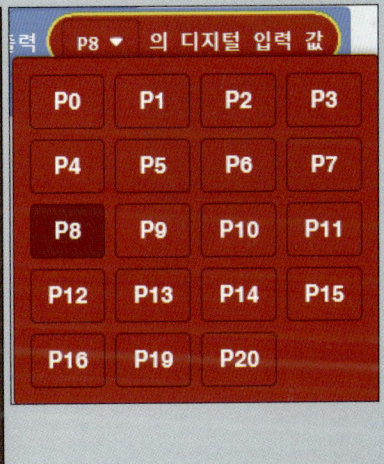

이 블록을 이용해서 특정음을 연주하게 하려면 논리 블록들을 이용하여 다음과 같이 명령할 수 있습니다.

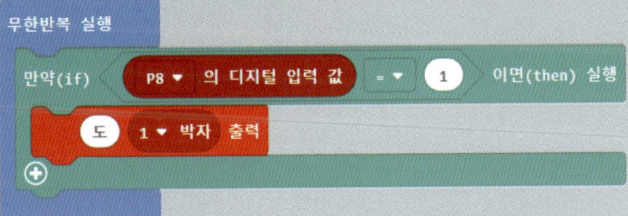

핀의 디지털 입력 값은 0일 때 "연결 안 됨", 1일 때 "연결됨"을 의미합니다.

음에 맞는 아이콘 만들기

LED 출력 블록을 이용하여 현재 연주되고 있는 음이 어떤 음인지 표시하는 아이콘을 만들 수 있습니다. 마이크로비트는 한글을 지원하지 않기 때문에 한글로 표시하고자 한다면 아래를 참고하여 만들어 봅시다.

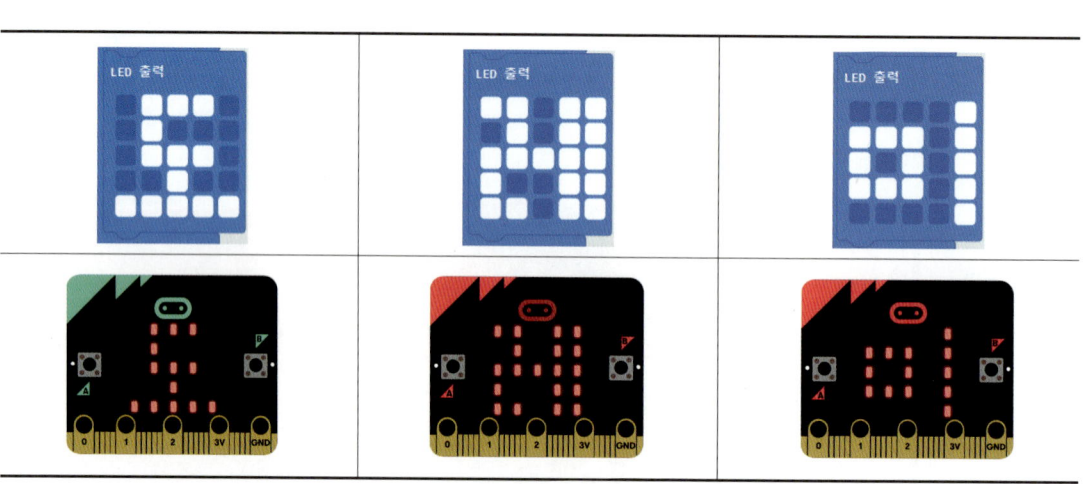

TIP 음이름 영어로 출력하기

보통 음이름을 표시할 때 영문 알파벳을 많이 사용합니다. 앞에서 제시한 것처럼 음이름 아이콘을 일일이 클릭해서 만들기 힘들다면 아래와 같이 '문자열 출력' 블록을 이용하여 음이름을 출력할 수 있습니다.

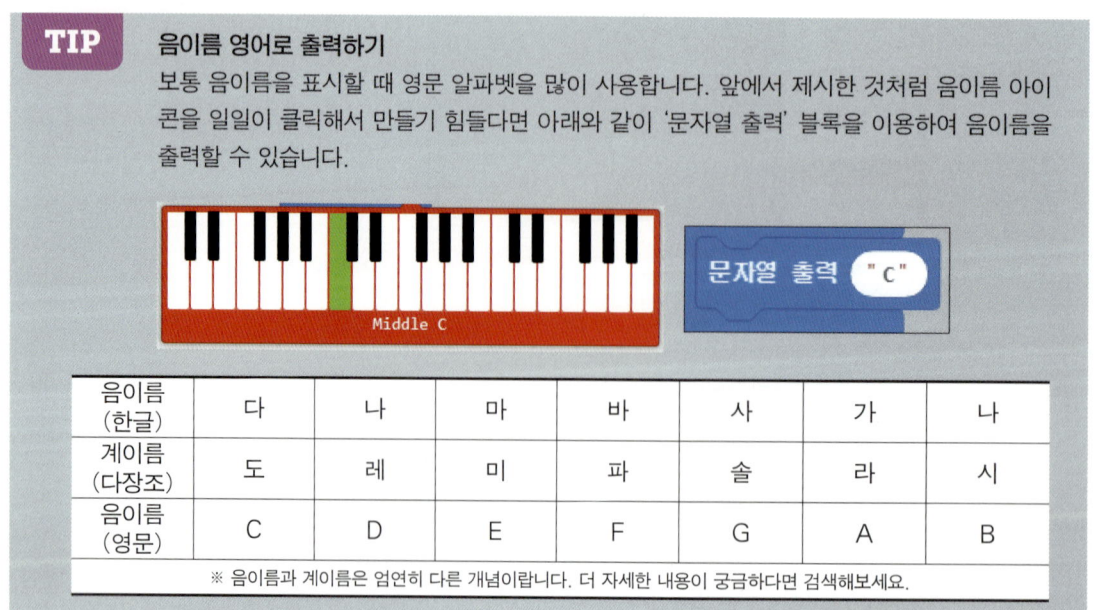

음이름 (한글)	다	나	마	바	사	가	나
계이름 (다장조)	도	레	미	파	솔	라	시
음이름 (영문)	C	D	E	F	G	A	B

※ 음이름과 계이름은 엄연히 다른 개념이랍니다. 더 자세한 내용이 궁금하다면 검색해보세요.

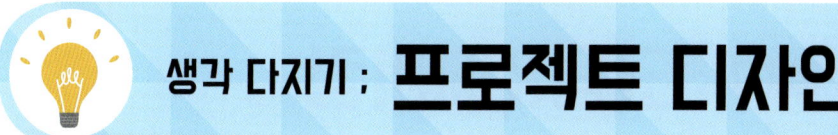

생각 다지기 : 프로젝트 디자인

핵심 알고리즘 만들기

A버튼을 누르거나 특정 핀이 연결되면 정해진 음이 연주될 수 있도록 알고리즘을 짜봅시다.

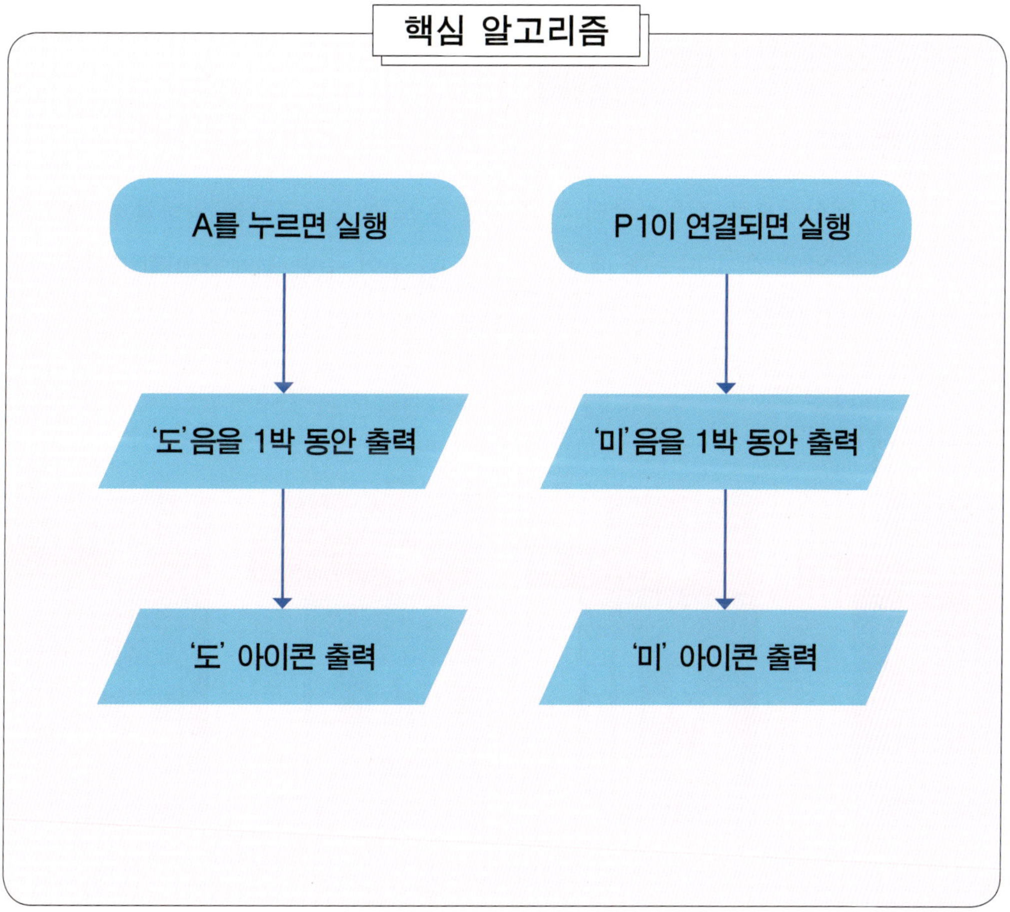

핵심 알고리즘

- A를 누르면 실행 → '도'음을 1박 동안 출력 → '도' 아이콘 출력
- P1이 연결되면 실행 → '미'음을 1박 동안 출력 → '미' 아이콘 출력

 생각 펼치기 : **코딩&메이킹**

음악을 연주하는 코드 만들기

① 시작을 표시하는 코드 만들기

마이크로비트가 정상적으로 전원공급이 되고 있는지 또는 프로그램을 실행할 준비가 됐는지 확인하기 위해 위와 같이 시작할 때 테스트코드를 넣어 주면 쉽게 확인할 수 있습니다. 이번 프로젝트는 아이콘과 소리가 출력되기 때문에 둘 다 확인할 수 있게 만들었습니다.

② 도레미파를 연주할 수 있는 코드 만들기

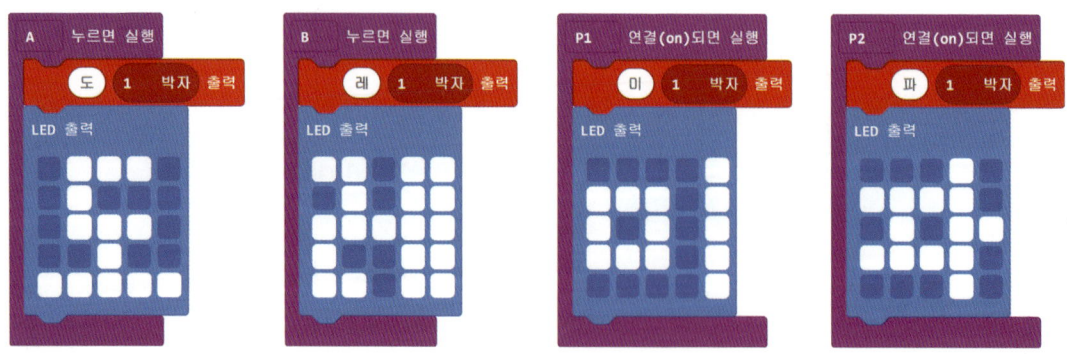

A버튼을 누르면 '도'음과 함께 글자가 출력되게 합니다. B버튼은 '레'음과 연결합니다. A버튼과 B버튼은 각각 P5와 P11 연결로도 실행시킬 수 있습니다. P1과 P2는 각각 '미', '파'음과 연결하여 연주할 수 있게 만듭니다.

두꺼운 종이를 이용하여 악기 만들기

① 준비물

마이크로비트(1개), 마이크로비트 확장키트(1개), 집게전선(4개), 스피커 또는 이어폰, 전원공급장치, 전선(암수), 은박지로 감싼 나무젓가락, 박스종이나 두꺼운 종이, 구리전선이나 구리테이프, 가위, 사인펜, 셀로판 테이프

② 마이크로비트 확장키트와 전원공급장치 연결하기

  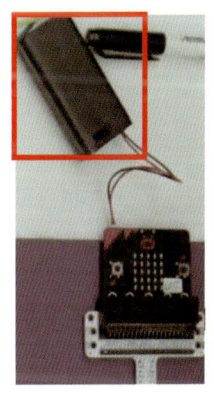

확장키트는 집게전선으로 연결하기 까다로운 핀들을 쉽게 연결하게 만들어 줍니다. 확장키트의 경우 종류가 다양하기 때문에 필요에 따라 골라서 사용할 수 있습니다.

전원을 공급하는 방법도 여러 가지가 있지만 우리는 '배터리 연결부'에 건전지를 연결해서 사용하도록 하겠습니다.

③ 스피커 연결하기

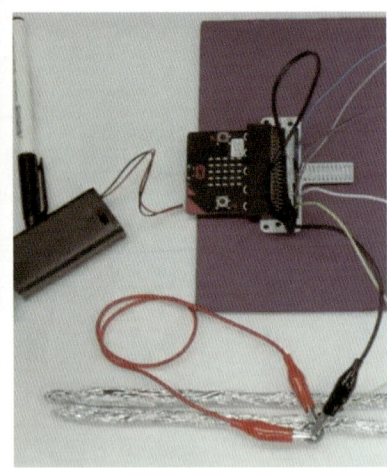

스피커를 사용할 때에는 P0과 GND를 연결해 주어야 합니다. (+)표시가 있는 핀은 P0과, (-) 표시가 있는 핀은 GND와 연결합니다. 이때 확장키트를 이용하기 때문에 확장키트에 전선을 연결하여 집게전선으로 집어주면 손쉽게 연결할 수 있습니다.

> **TIP**
>
>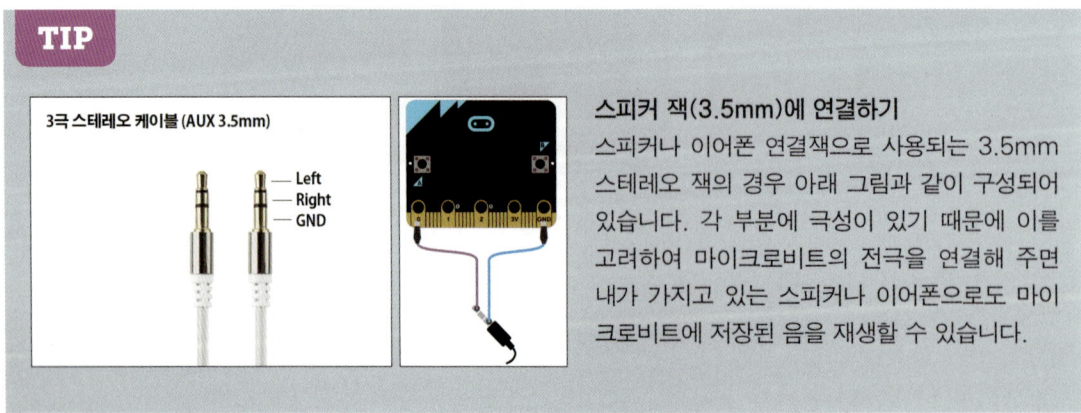
>
> **스피커 잭(3.5mm)에 연결하기**
> 스피커나 이어폰 연결잭으로 사용되는 3.5mm 스테레오 잭의 경우 아래 그림과 같이 구성되어 있습니다. 각 부분에 극성이 있기 때문에 이를 고려하여 마이크로비트의 전극을 연결해 주면 내가 가지고 있는 스피커나 이어폰으로도 마이크로비트에 저장된 음을 재생할 수 있습니다.

④ 구리 건반 만들기

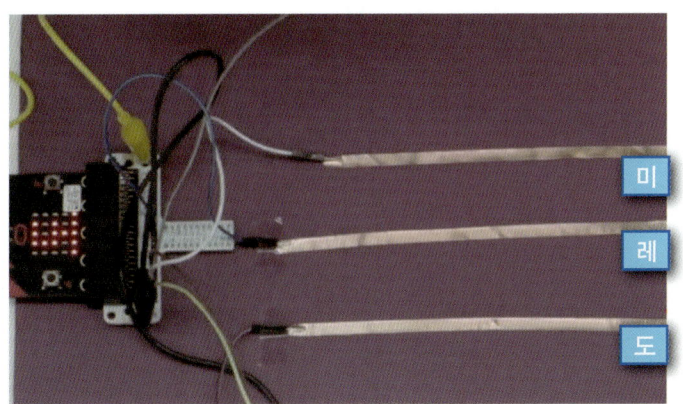

P5(A버튼), P11(B버튼), P1, P2 4개의 핀은 각각 도, 레, 미, 파를 재생하는 핀이 될 것입니다. 그러기 위해서는 연장선과 구리테이프를 이용하여 건반을 만들어야 합니다. 방법은 간단합니다. 암수케이블을 해당 핀에 연결하고 뾰족한 부분을 구리테이프로 붙여주면 건반이 완성됩니다.

⑤ 스틱 만들기

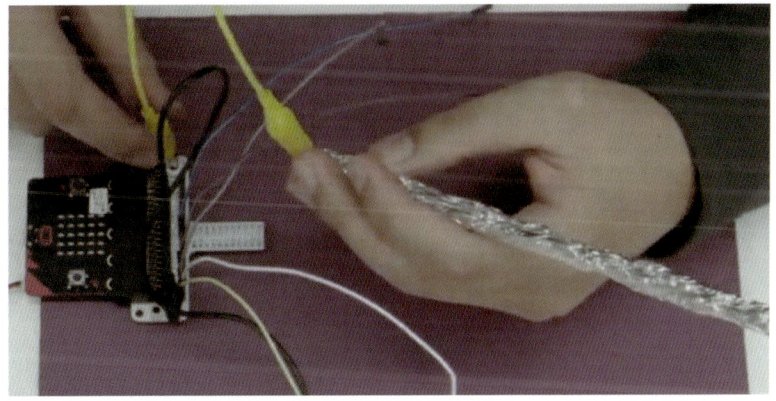

연주할 때 사용할 스틱은 GND와 연결하여 각각의 핀을 건드렸을 때 회로가 연결될 수 있게 해줍니다. 이를 위해 스틱은 은박지와 같은 전도성 물체를 이용하여 젓가락을 감싸주면 좋습니다.

⑥ 연주하기

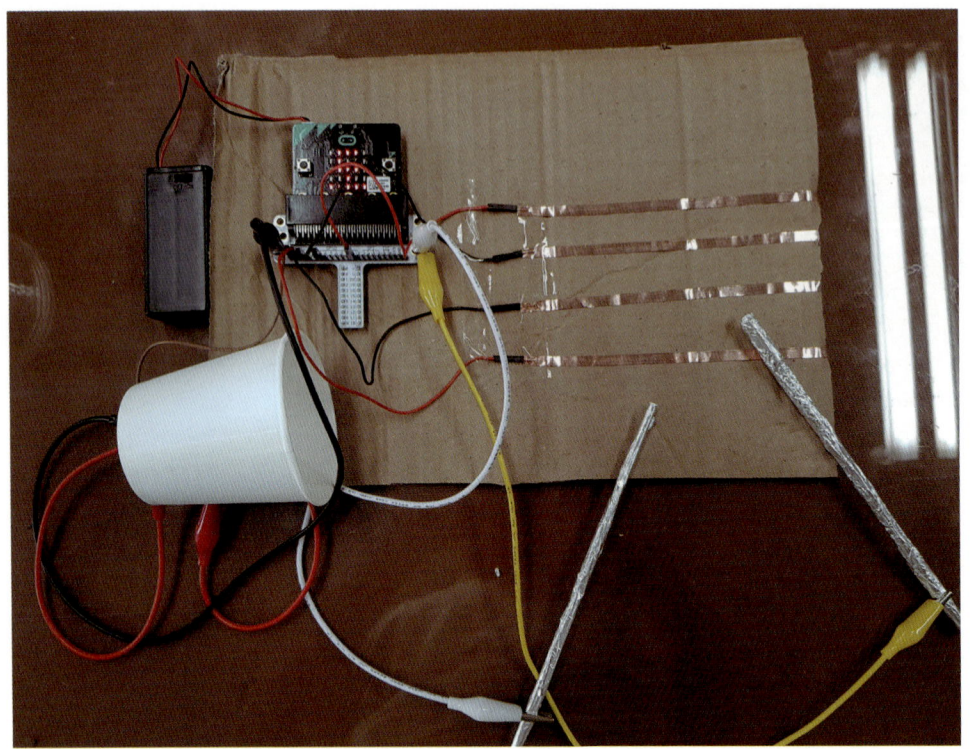

완성된 악기를 이용하여 간단한 음악을 연주해 봅시다.

| 생각 갈무리 | **프로젝트 레벨업** |

논리연산을 이용해서 더 많은 음을 연주하기

입력핀의 개수는 제한되어 있습니다. 제한된 입력으로 여러 음을 연주하게 하려면 어떻게 해야 할지 생각해 봅시다.

```
무한반복 실행
  만약(if) P1 연결(on) 상태 그리고(and) P2 연결(on) 상태 이면(then) 실행
    솔 1 박자 출력
    문자열 출력 G
```

제한된 입력을 이용하여 음을 연주할 때 연주할 수 있는 음의 수를 늘리기 위해서는 AND와 같은 논리 연산을 이용할 수 있습니다. AND를 이용할 경우에 경우의 수가 기하급수적으로 증가합니다.

입력의 수	1	2
연주할 수 있는 음의 수	2	4
예시	P1 ▼ 연결(on) 상태 반대로(not) P1 ▼ 연결(on) 상태	P1 ▼ 연결(on) 상태 그리고(and) ▼ P2 ▼ 연결(on) 상태

18강 전자 악기 만들기

19강 온도 감지 컵 만들기

마이크로비트로 물의 온도를 체크할 수 있는 컵을 만들어 보자. 우리는 컵에 음료를 따라 마시거나 차를 마시기도 합니다. 뜨거운 차를 마실 때에는 차의 온도를 확인하지 못하여 입이나 혀를 데이기도 하지요. 컵에 담겨져 있는 차나 음료의 온도를 컵이 알려준다면 어떨까요? 차의 온도를 알지 못해 뜨거운 차를 마시다 입이나 혀를 데이는 일은 발생하지 않을 것 같군요. 컵이 우리에게 온도를 알려줄 수 있는 방법이 있을까요?

개요	마이크로비트의 온도 센서를 활용하여 물이나 음료의 온도 LED의 색으로 확인할 수 있는 컵 만들기
준비물	마이크로비트, 마이크로비트 확장보드, 네오픽셀(링), 두꺼운 종이, DC모터(선풍기 날개 부착된 것), 전선, 테이프, 투명플라스틱컵(24oz, 16oz), 칼, 브레드보드
사용법	자신에게 딱 알맞은 물의 온도를 알려주는 컵을 만들어 사용하기
이럴 때 필요해요	차나 커피를 마실 때 입이나 혀를 데이지 않도록 온도의 확인할 때, 같은 물을 먹더라도 남다른 분위기를 내며 먹을 때 필요합니다.

 생각 다지기 : **아이디어 마이닝**

마이크로비트 온도 센서

마이크로비트는 온도 센서가 CPU에 내장되어 있어 온도를 측정할 수 있도록 해줍니다. 섭씨 단위로 온도를 측정할 수 있습니다. 마이크로비트와 실제 온도계의 온도는 다소 차이가 있을 수 있습니다. 실제 온도계로 측정한 온도와 비교하여 그 차이를 프로그램에 적용시켜 정확한 값을 사용할 수 있습니다.

온도 센서의 온도 출력하기

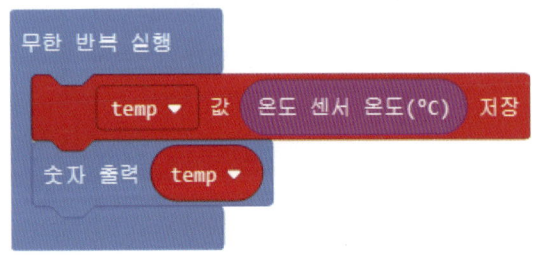

temp 변수를 만들어 온도 센서의 온도를 저장한 후 마이크로비트의 LED에 온도 숫자를 출력합니다.

화씨온도 출력하기

우리나라에서 사용하는 섭씨온도를 화씨온도로 바꿔주는 프로그램입니다. 화씨온도는 주로 미국에서 사용되는 단위입니다. 섭씨온도를 화씨온도로 변환하기 위해서는 섭씨온도에 18을 곱하고 10으로 나눈 값에 32를 더하면 됩니다.

화씨온도 계산 방법 : {(섭씨온도 × 18) ÷ 10} + 32

자동 선풍기 만들기

온도 센서를 이용하여 온도에 따라 작동하는 선풍기를 만들어 봅시다.

① 온도에 따라 작동을 하는 선풍기의 코딩을 해봅시다.

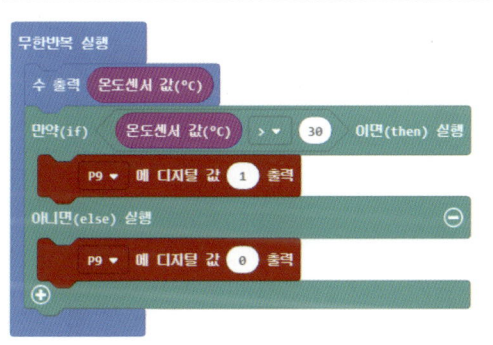

- 마이크로비트의 LED에 온도를 계속 출력하여 온도를 확인할 수 있게 합니다.
- 온도가 30℃가 넘으면 9번 핀에 1을 출력해서 선풍기를 작동시킵니다.
- 온도가 30℃ 미만일 경우 9번 핀에 0을 출력해 선풍기가 작동하지 않습니다.

② 코딩이 다 끝났으면 선풍기의 모양을 만들어 봅시다. 사진과 같이 두꺼운 종이를 잘라줍니다.

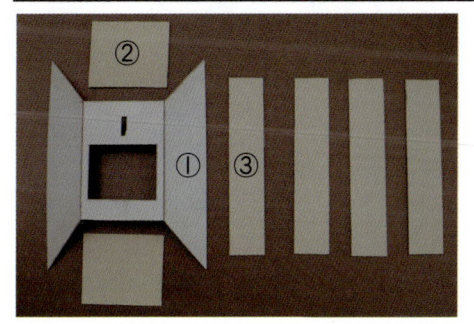

① 작은 사각형(7cm*10cm), 큰 사각형(11cm*14cm)을 그린 후 그림처럼 색칠된 부분을 잘라냅니다.

② 7cm * 5.8cm - 2개
③ 15cm * 3cm - 4개

※ 두꺼운 종이를 자를 때에는 다치지 않도록 조심하세요.

③ 선풍기를 만들기 위한 준비물입니다.

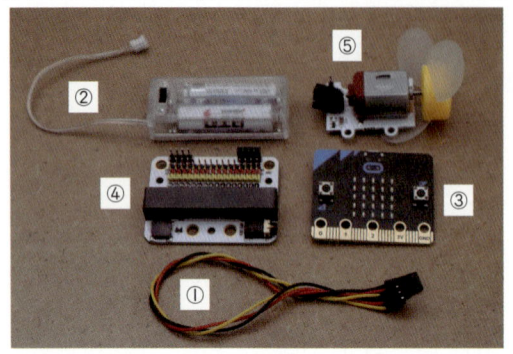

① 케이블
② 건전지 홀더
③ 마이크로비트
④ 마이크로비트 확장보드
⑤ DC모터(선풍기 날개 부착)

④ 자른 종이를 테이프나 글루건으로 붙여주세요.

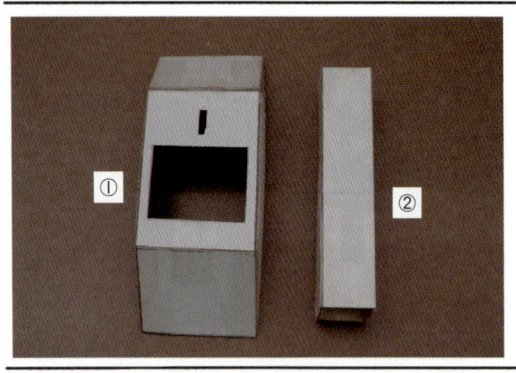

① 선풍기 몸체
② 선풍기 기둥

⑤ 선풍기가 완성되었습니다. 온도에 따라 잘 작동하는지 테스트해보세요.

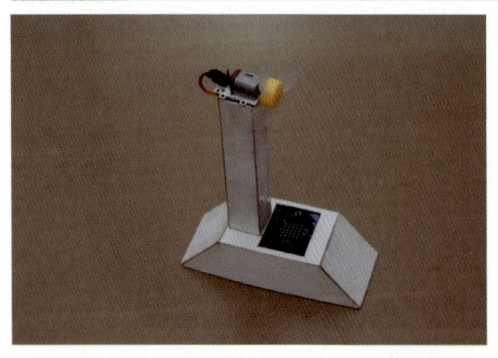

네오픽셀 LED

 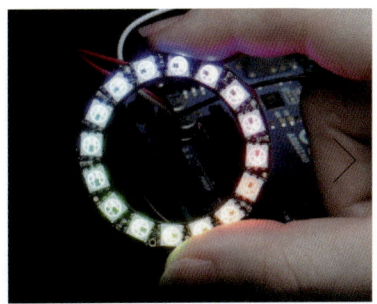

네오픽셀은 아다프루트(Adafruit)사에서 붙인 이름으로 WS281x 칩이 내장된 LED를 말합니다. 일반 LED보다 가격이 비싸지만 수명이 길다는 장점이 있습니다. 네오픽셀은 모양이 다양한데 링 타입, 스트립 타입, 매트릭스 타입, 스틱 타입 등이 있습니다. 네오픽셀은 총 16,777,116가지의 색을 표현할 수 있습니다.

마이크로비트 확장 블록 불러오기

① 블록 카테고리에서 확장을 클릭합니다.

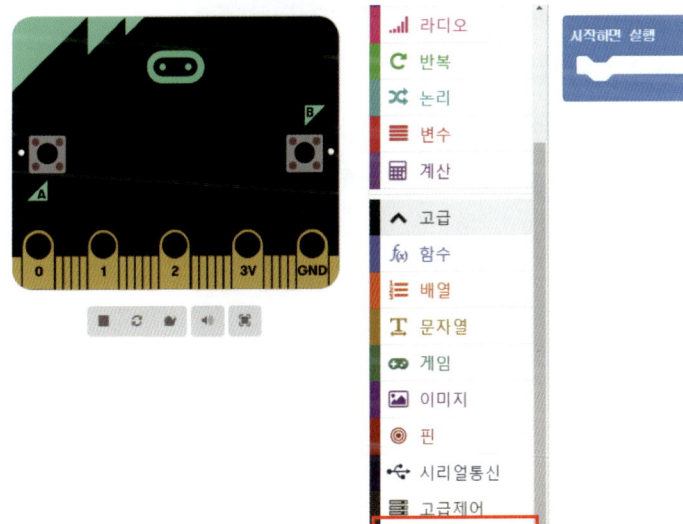

② 검색창에 neopixel로 검색하거나 우측상단의 neopixel를 선택합니다.

③ 계산 블록 밑에 neopixel 블록이 새로 생긴 것을 확인할 수 있습니다.

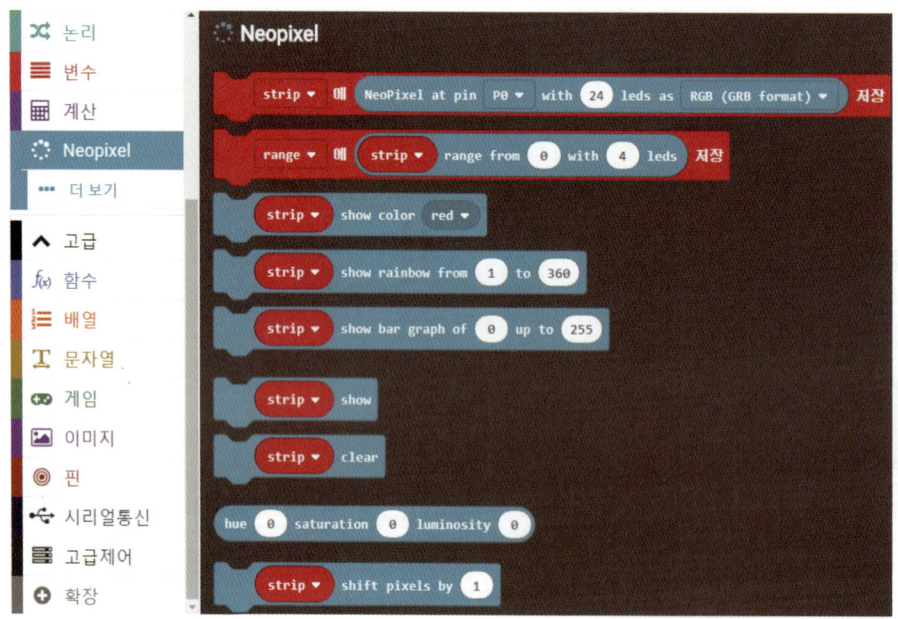

네오픽셀 연결하기

네오픽셀 블록을 이용하기 전에 마이크로비트와 네오픽셀을 연결해 봅시다.

네오픽셀에 전선을 연결한 구멍이 여러 개가 있는데 이곳 중 Data, 5V, Ground에 선을 연결합니다. 선을 연결하고 납땜을 하거나 글루건으로 고정시켜도 됩니다.

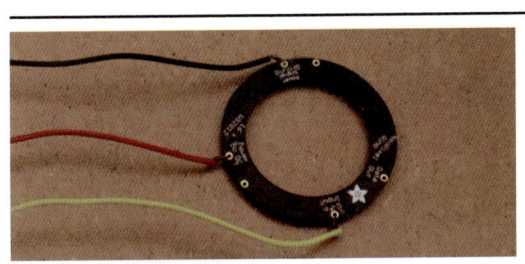

Data Input	Power 5V DC	power signal Ground
signal 케이블	+극	-극
노란색	빨간색	검정색

마이크로비트에 네오픽셀을 연결하기 위해서 확장보드를 이용하겠습니다. 마이크로비트를 확장보드에 연결한 뒤 네오픽셀을 확장보드 1번 핀에 꽂습니다.

네오픽셀로 다양한 LED 출력 방법 알아보기

● 네오픽셀 기본 설정하기

```
시작하면 실행
  strip ▼ 에 NeoPixel at pin P1 ▼ with 16 leds as RGB (GRB format) ▼ 저장
  strip ▼ set brightness 255
```

- 출력할 핀 번호, 네오픽셀의 LED 개수, LED 출력 방식 등을 설정할 수 있습니다.
- LED의 밝기를 정할 수 있습니다(0~255).

● LED의 번호 확인하기

```
시작하면 실행
  strip ▼ 에 NeoPixel at pin P1 ▼ with 16 leds as RGB (GRB format) ▼ 저장
  strip ▼ set brightness 200
  strip ▼ set pixel color at 0 to blue

무한반복 실행
  strip ▼ show
```

0번 LED의 색을 blue(파란색)으로 출력

19강 온도 감지 컵 만들기

- 네오픽셀의 LED에는 번호가 지정되어 있습니다. 0번부터 LED의 개수 만큼의 번호가 정해져 있어 원하는 위치의 LED 색을 정해 켤 수 있습니다.
- 입력할 수 있는 색은 10가지입니다(red, orange, yellow, green, blue, indigo, violet, purple, white, black).

※ LED가 검정색을 출력할 수 없고 black은 LED를 끌 때 사용합니다.

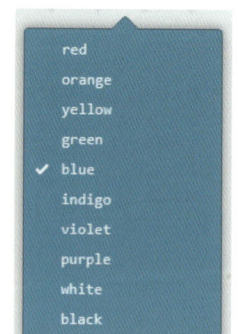

● 한 가지 색으로 출력하기

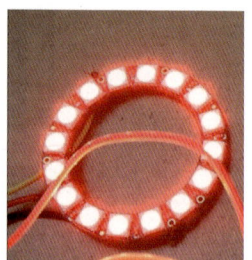

- 네오픽셀 1번 핀에 연결
- 네오픽셀 LED 개수 : 16개
- 밝기 : 200
- 출력할 색 : red(빨강색)

● 무지개 색으로 출력하기

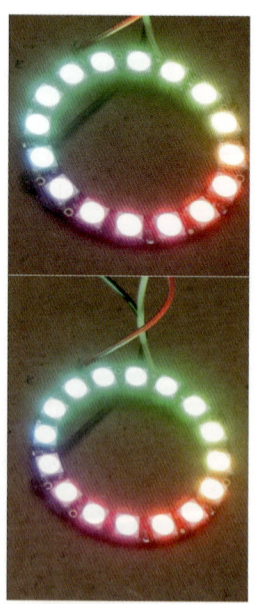

- 네오픽셀 무지개색으로 출력 (1~360의 색으로 출력)

- 네오픽셀 무지개색으로 출력 (1~360의 색으로 출력)
- 무지개색을 회전시키 출력
- 0.1초 간격으로 회전

네오픽셀의 블록을 이용하여 다양한 방법으로 LED를 표현해봅시다.

생각 다지기 : 프로젝트 디자인

온도체크 컵 만들기

온도에 따른 네오픽셀 표현방법 정하기

적정온도보다 낮은 온도	적정온도	적정온도보다 높은 온도
파란색으로 출력하기	무지개 색으로 회전시키기	빨간색으로 출력하기

핵심 알고리즘 만들기

버튼을 눌렀을 때 정해진 아이콘이 출력되어야 하며 일정 시간 동안 유지되었다가 사라져야 합니다. 이를 구현하기 위한 핵심 알고리즘을 생각해 봅시다.

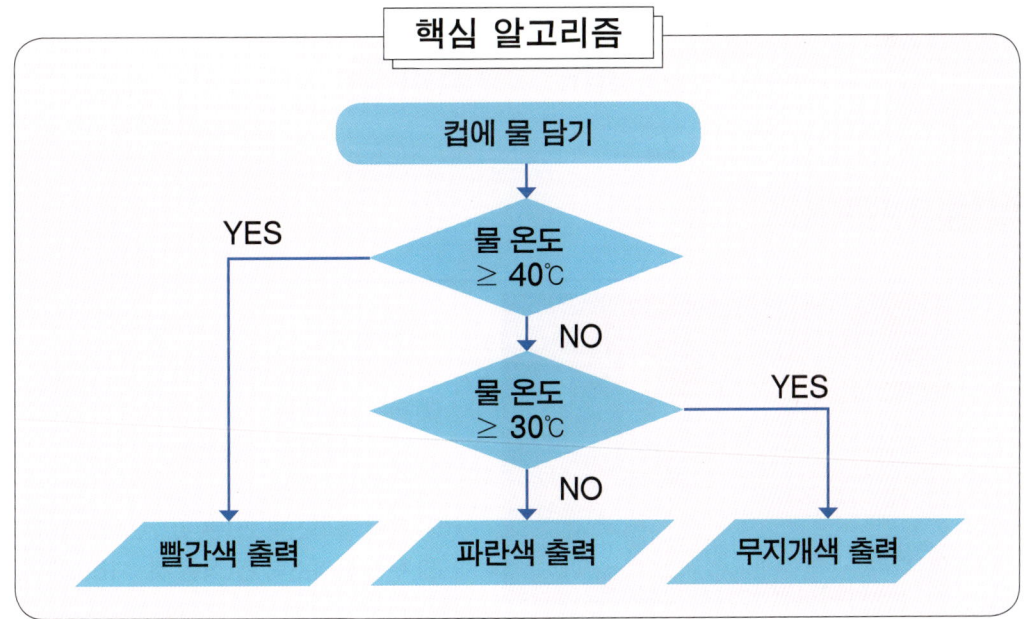

 생각 펼치기 : **코딩&메이킹**

온도체크 컵 코딩하기

```
시작하면 실행
  strip ▼ 에 NeoPixel at pin P2 ▼ with 16 leds as RGB (GRB format) ▼ 저장
  strip ▼ set brightness 200

무한반복 실행
  수 출력 온도센서 값(°C)
  만약(if) 온도센서 값(°C) ≥ ▼ 40 이면(then) 실행
    strip ▼ show color red ▼
  아니면서 만약(else if) 온도센서 값(°C) ≥ ▼ 30 이면(then) 실행
    strip ▼ show rainbow from 1 to 360
  아니면(else) 실행
    strip ▼ show color blue ▼
```

온도체크 제작하기

〈준비물〉
① 네오픽셀 링(16 LED)
② 마이크로비트
③ 마이크로비트 확장보드
   (건전지 DL2025 2개 필요)
④ 투명 플라스틱 컵(큰 것 : 24oz)
⑤ 투명 플라스틱 컵(작은 것 : 16oz)

| ② |   | **컵 자르기**
• 작은 컵에 큰 컵을 껴서 경계선에 네임펜으로 선을 그린 뒤 작은 컵을 선에 맞게 자릅니다. |

③		**컵에 네오픽셀 붙이기** • 네오픽셀에 전선 연결하기 | Data Input	5V DC	Ground
signal	+극	-극
노란색	빨간색	검정색 | • 큰 투명 플라스틱 컵에 네오픽셀을 테이프로 붙입니다.

④		**마이크로비트 확장보드에 네오픽셀 연결하기** • 마이크로비트 확장보드에 네오픽셀을 연결합니다. | 구분	signal	+극	-극
선 색깔	노란색	빨간색	검정색
확장보드	2	V	G | • 확장보드에 건전지(DL2025) 두 개가 필요합니다.

| ⑤ |  | **큰 컵과 작은 컵 붙이기**
• 큰 컵 바닥 위에 마이크로비트를 올려놓고 선을 정리한 뒤 자른 작은 컵으로 덮어씌웁니다.
• 테이프로 두 컵을 붙여주고 확장보드의 전원스위치 부분으로 칼로 잘라 구멍을 내줍니다. |

온도체크 컵에 물을 따라 온도 체크 해보기

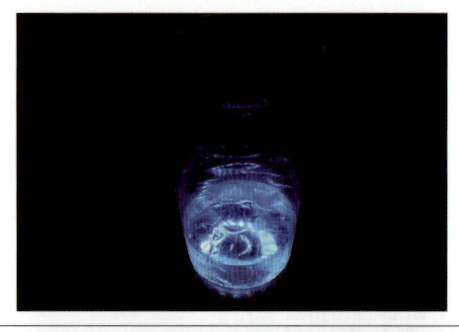	물 온도가 30℃ 미만일 때 (얼음물)
	물 온도가 30℃ ~ 39℃일 때 (미지근한 물)
	물 온도가 40℃ 이상일 때 (뜨거운 물)

| 생각 갈무리 | **프로젝트 레벨업** |

다른 방법으로 컵 만들기

컵으로 음료를 마실 때 건배를 외치며 잔을 부딪칩니다. 그리고 컵에 있는 음료를 마시기 위해서는 잔을 기울여야 합니다. 마이크로비트의 가속도 센서를 이용하여 잔을 부딪치거나 컵을 기울이면 네오픽셀의 색이 바뀌는 컵을 만들어 봅시다.

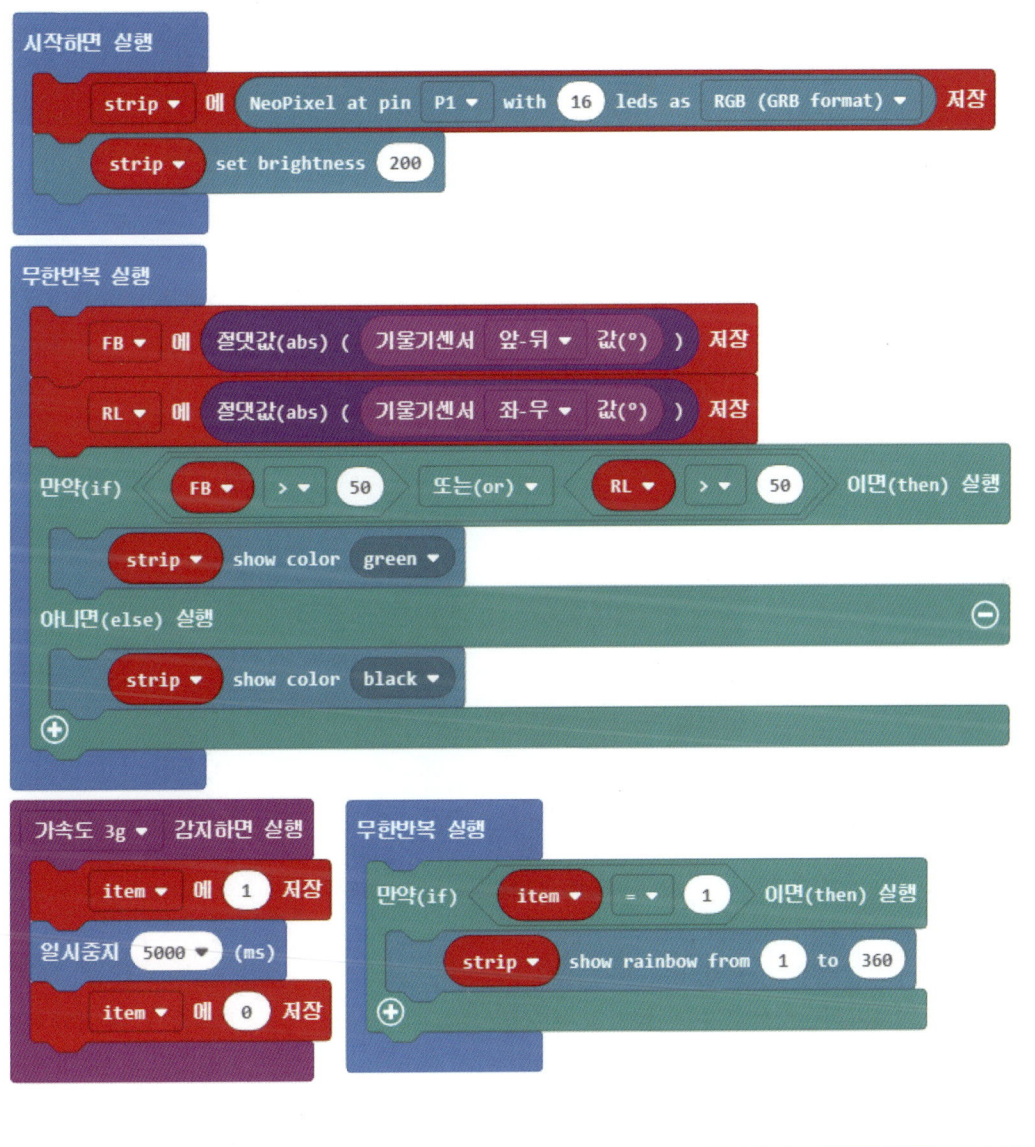

20강 마음 리더기 만들기

2진수 변환하는 코딩을 작성하고 마이크로비트의 입력 센서를 이용하여 기분을 읽어주는 장치를 만들어보자.

현재 자신의 기분은 어떤 상태인가요? 기분을 1부터 31까지의 숫자로 수치화하고 마음속으로만 생각하세요. 숫자가 높을수록 기분이 좋은 상태입니다. 총 5장의 카드에서 빛이 깜박입니다. 해당 카드에 내 기분에 해당하는 숫자가 있으면 A버튼을, 없으면 B버튼을 눌러줍니다. 과연 마이크로비트는 나의 기분을 잘 알고 있을까요? 마이크로비트를 이용하여 마음을 읽어주는 장치를 만들어 봅시다.

개요	마이크로비트 A, B버튼, LED를 이용하여 기분을 읽어주는 리더기를 만들어 봅시다.
준비물	마이크로비트, 마이크로비트 확장키트, LED(5개), 핀케이블(암암_빨강색, 검정색), 전선(sparkfun prt-08023 빨강색, 검정색), 5핀 연결 케이블, 보조배터리
사용법	나의 기분을 1부터 31까지의 숫자로 고치고 마음속으로 생각합니다. 해당 카드에 그 숫자가 포함되어 있으면 A버튼을 누르고, 없으면 B버튼을 누릅니다.
이럴 때 필요해요	상대방의 기분을 파악할 수 있어 마음 리더기를 통해 쉽게 공감을 얻을 수 있습니다.

# 생각 다지기 : 아이디어 마이닝

5장의 카드

16	17	18	19
20	21	22	23
24	25	26	27
28	29	30	31

16카드

8	9	10	11
12	13	14	15
24	25	26	27
28	29	30	31

8카드

4	5	6	7
12	13	14	15
24	25	26	27
28	29	30	31

4카드

2	3	6	7
12	13	14	15
24	25	26	27
28	29	30	31

2카드

1	3	6	7
12	13	14	15
24	25	26	27
28	29	30	31

1카드

위에는 5장의 카드가 있습니다.

1. 1부터 31의 숫자들 중 숫자 하나를 생각하세요.	마음속으로 29를 선택합니다.	
2. 16카드에 그 숫자가 있나요?	16 17 18 19 20 21 22 23 24 25 26 27 28 29 30 31	- 네(1)
3. 8카드에 그 숫자가 있나요?	8 9 10 11 12 13 14 15 24 25 26 27 28 29 30 31	- 네(1)
4. 4카드에 그 숫자가 있나요?	4 5 6 7 12 13 14 15 24 25 26 27 28 29 30 31	- 네(1)
5. 2카드에 그 숫자가 있나요?	2 3 6 7 12 13 14 15 24 25 26 27 28 29 30 31	- 아니요(0)
6. 1카드에 그 숫자가 있나요?	1 3 6 7 12 13 14 15 24 25 26 27 28 29 30 31	- 네(1)

7. 그렇다면 당신의 기분을 숫자로 알아보겠습니다. 바로 29입니다.

이진수 변환

이 숫자카드의 비밀은 네(1)와 아니요(0)의 이진법 원리가 숨어 있습니다.

마음속 숫자 29에 대한 결과를 0, 1로 표현하면 다음과 같습니다. 11101(네, 네, 네, 아니요, 네) 숫자 1부터 31을 2진법으로 나타내면 아래 그림과 같습니다. 1부터 31까지의 숫자를 16, 8, 4, 2, 1의 합으로 나타낼 수 있습니다.

즉, 5장의 카드에서 상대방에 말한 순서대로 이진수를 표현하면 마음속의 숫자가 되는 것입니다. 상대방이 (네, 아니오, 네, 아니오, 아니오)라고 대답했다면 이진수로는 얼마일까요? 10100입니다. 그렇다면 상대방의 기분은 숫자로 얼마일까요? 20입니다.

이진수 변환을 이용하여 숫자카드에 해당 숫자가 있으면 A 버튼을, 없으면 B 버튼을 눌러서 마음속 숫자를 맞추는 마음리더기를 만들어보겠습니다.

	16	8	4	2	1
1	0	0	0	0	1
2	0	0	0	1	0
3	0	0	0	1	1
4	0	0	1	0	0
5	0	0	1	0	1
6	0	0	1	1	0
7	0	0	1	1	1
8	0	1	0	0	0
9	0	1	0	0	1
10	0	1	0	1	0
11	0	1	0	1	1
12	0	1	1	0	0
13	0	1	1	0	1
14	0	1	1	1	0
15	0	1	1	1	1
16	1	0	0	0	0
17	1	0	0	0	1
18	1	0	0	1	0
19	1	0	0	1	1
20	1	0	1	0	0
21	1	0	1	0	1
22	1	0	1	1	0
23	1	0	1	1	1
24	1	1	0	0	0
25	1	1	0	0	1
26	1	1	0	1	0
27	1	1	0	1	1
28	1	1	1	0	0
29	1	1	1	0	1
30	1	1	1	1	0
31	1	1	1	1	1

 생각 다지기 : **프로젝트 디자인**

핵심 알고리즘 생각하기

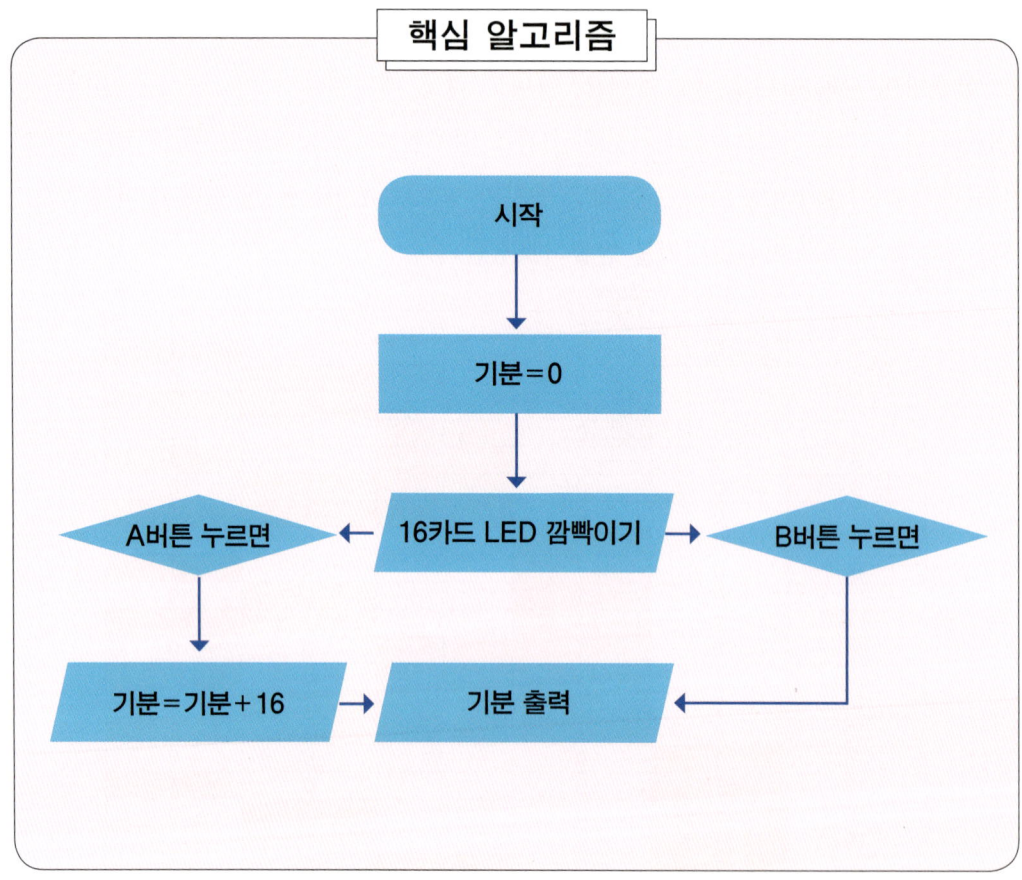

# 생각 펼치기 : 코딩&메이킹

마음 리더기 제작하기

① 준비물

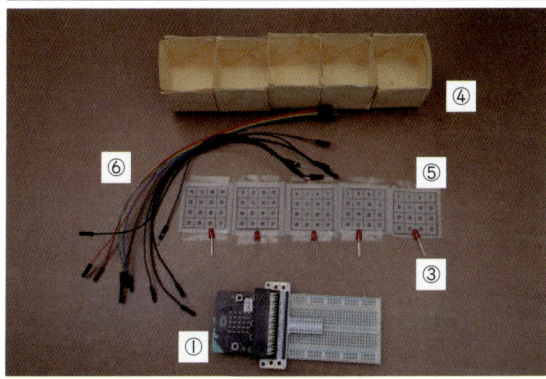

① 마이크로비트
② 마이크로비트 확장보드
③ LED 5개
④ 가로, 세로, 높이 5cm 상자
⑤ 숫자카드 5장
⑥ 핀케이블(암수10개, 수수 2개)

② 모션 리더기 만들기

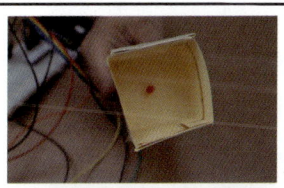
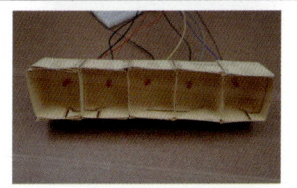

- 종이상자에 LED 넣기
- LED와 전선 연결하기
  LED의 짧은 쪽은 GND와 긴 쪽은 각 디지털 핀에 연결합니다.
- 숫자카드 붙이기

LED 연결	짧은 쪽	GND	GND	GND	GND	GND
	긴 쪽	P0	P1	P2	P3	P4
숫자카드		16카드	8카드	4카드	2카드	1카드

20강 마음 리더기 만들기

P1에 디지털 값 출력하기

마이크로비트 시뮬레이터를 보면 P1핀 출력 신호가 0, 1이 반복되는 것을 확인할 수 있습니다.

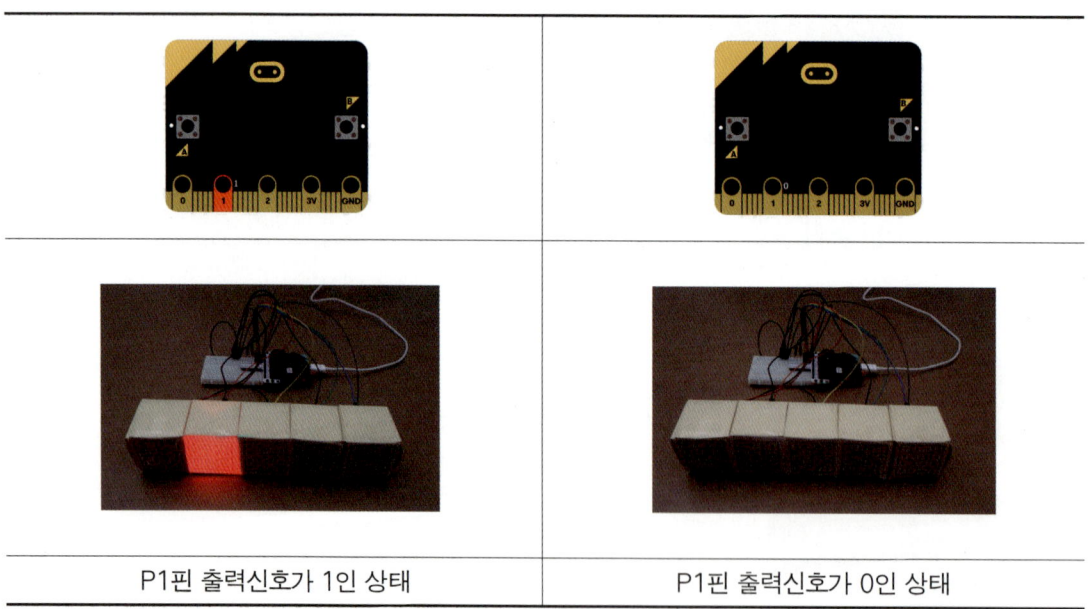

| P1핀 출력신호가 1인 상태 | P1핀 출력신호가 0인 상태 |

A 또는 B버튼을 누를 때까지 깜박이는 LED

반복 블록과 NOT블록을 이용하여 A 또는 B버튼을 누를 때까지 깜박이는 LED를 만들어 봅시다.

P0 디지털 신호 1초간 출력하기

A버튼 눌림 상태 또는 B버튼 눌림 상태

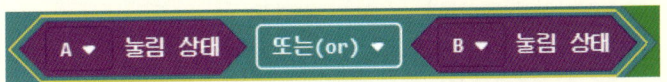

A버튼 또는 B버튼의 눌림 반대 상태

A 또는 B버튼을 누를 때까지 P0 디지털 신호 1초간 출력하기

20강 마음 리더기 만들기 **229**

A버튼 눌렀을 때 기분 변수 데이터 처리하기

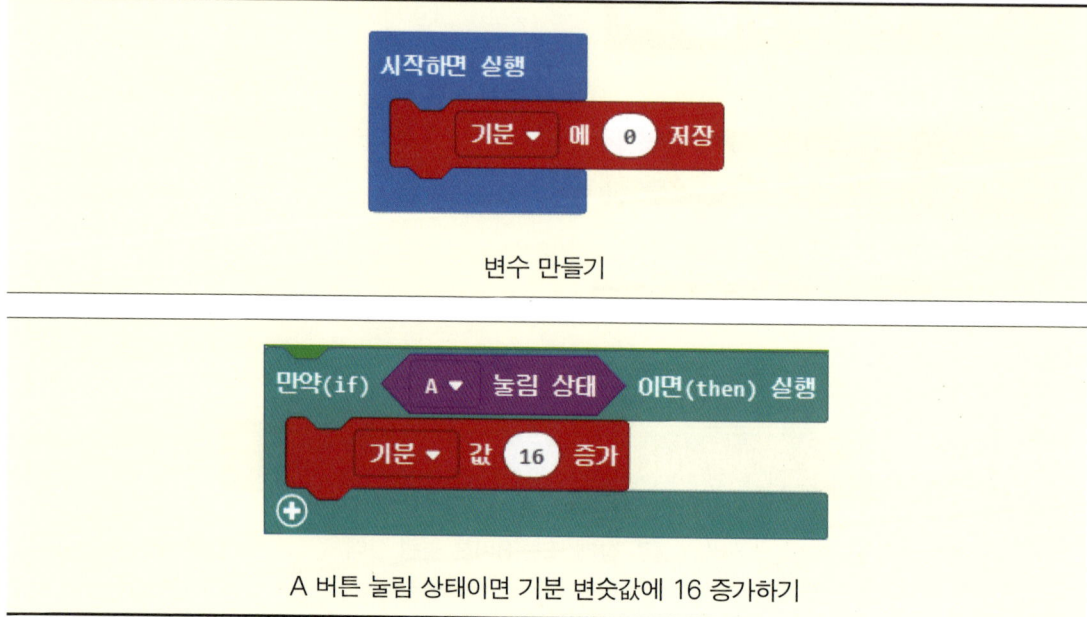

변수 만들기

A 버튼 눌림 상태이면 기분 변숫값에 16 증가하기

A버튼 눌렀을 때 마이크로비트 LED 켜기

| LED 켜기 코드 | LED(0, 0)이 켜진 모습 |

| 생각 갈무리 | **프로젝트 레벨업** |

함수 만들기

반복되는 패턴과 변화값을 찾아서 함수블록을 만들고 효율적으로 문제를 해결해봅시다.

함수 만들기

함수 만들기

함수 호출하기

시작하면 기분 변수에 0이 저장됩니다.

16카드라는 함수를 호출하게 되는데, A또는 B버튼이 눌러지기 전까지 P0에 출력 신호가 1초가 출력됩니다. P0에 LED가 연결되어 있다면 LED가 1초 간격으로 깜박일 것이고, 피에조 센서가 연결되어 있으면 소리가 1초 간격으로 날 것입니다.

만약 A버튼을 누르면 P0 출력 신호는 반복 중단이 되고 기분 변수에 16을 증가시키게 됩니다. 마이크로비트 LED(0,0)를 켜게 됩니다. B버튼을 누르면 반복이 중단됩니다.

20강 마음 리더기 만들기

| 생각 갈무리 | **프로젝트 레벨업** |

함수 복사하기

기존 함수를 복사하여 8카드라는 함수를 만듭니다. 디지털 핀은 P1, 기분 변수 증가값은 8로, LED는 (1,0)으로 변경합니다.

8카드 함수 만들기

4카드 함수를 만듭니다. 디지털 핀은 P2, 기분 변수 증가값은 4로, LED는 (2,0)으로 변경합니다.

4카드 함수 만들기

생각 갈무리 — 프로젝트 레벨업

2카드 함수를 만듭니다. 디지털 핀은 P3, 기분 변수 증가값은 2로, LED는 (3,0)으로 변경합니다.

2카드 함수 만들기

1카드 함수를 만듭니다. 디지털 핀은 P4, 기분 변수 증가값은 1로, LED는 (4,0)으로 변경합니다.

1카드 함수 만들기

| 생각 갈무리 | **프로젝트 레벨업** |

함수 5개를 순차적으로 연결하기

기존 함수를 복사하여 8카드라는 함수를 만듭니다. 디지털 핀은 P1, 기분 변수 증가값은 8로, LED는 (1,0)으로 변경합니다.

5개의 함수를 순차적으로 실행하기

디버깅하기

5개의 함수를 실행하고 순차적으로 진행되는지 확인해봅시다. 실행이 안되는 부분을 찾아보고 디버깅을 해봅시다.

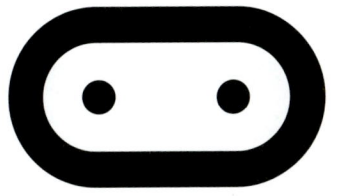

부록 플러스 비트

앞 부분에서 마이크로비트로 공식 사이트(https://microbit.org)에 접속해서 코딩도 해보고 여러 가지 작품도 만들어 보았습니다. 부록에서는 스크래치, 엔트리, 파이썬 등의 다양한 프로그래밍 언어로 마이크로비트를 제어해보겠습니다.

개요

다양한 프로그래밍 언어로 마이크로비트를 제어해봅시다.

준비물

마이크로비트,
5핀 연결 케이블

A 블록명령과 마이크로비트

엔트리

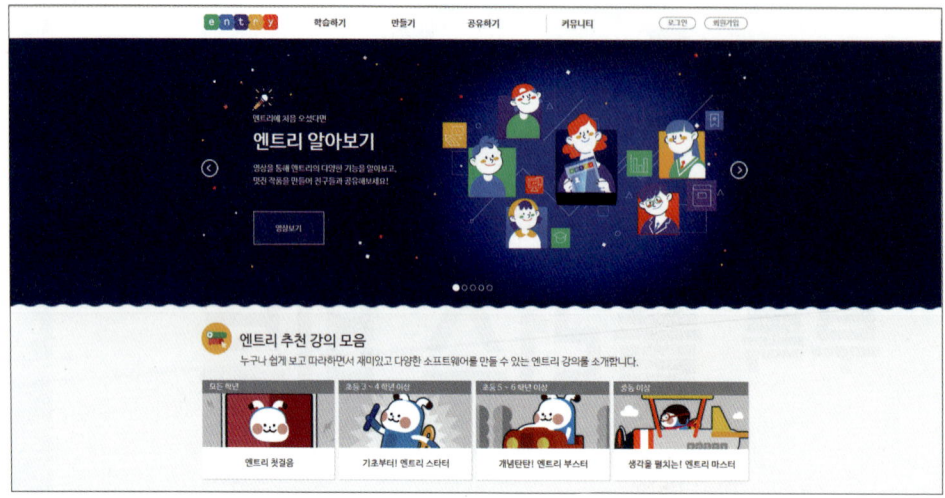

엔트리(Entry)는 네이버에서 만든 교육용 프로그래밍 언어(EPL)입니다. 우리나라 교육 현장에서 널리 사용되는 프로그램으로 다양한 로봇과 교구들을 연결해서 사용할 수 있습니다. 엔트리와 마이크로비트를 연결하는 것에 성공한다면 사용법은 어렵지 않기 때문에 연결에 초점을 맞춰서 살펴보겠습니다.

엔트리와 마이크로비트 연결하기 1

엔트리 홈페이지에서 작품 만들기를 실행한 후 '하드웨어'탭에 '연결 프로그램 다운로드'를 실행합니다. 이미 연결 프로그램을 다운받은 상태라면 '연결 프로그램 열기'를 실행합니다.

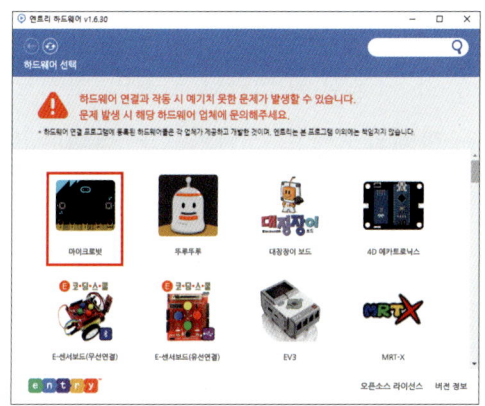

엔트리와 마이크로비트 연결하기 2

엔트리 하드웨어 프로그램을 실행하면 다양한 하드웨어 목록을 선택할 수 있습니다. 마이크로비트를 클릭해주세요.

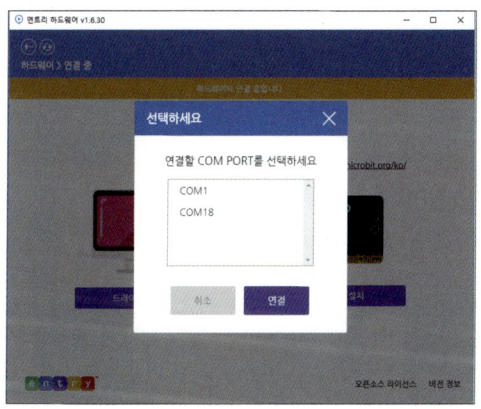

엔트리와 마이크로비트 연결하기 3

마이크로비트를 클릭하면 'COM PORT' 선택하라는 창이 나옵니다. 숫자는 컴퓨터마다 바뀌며 대부분 큰 숫자의 포트가 마이크로비트인 경우가 많습니다. 사진에서 COM18을 선택해보도록 하겠습니다.

엔트리와 마이크로비트 연결하기 4

엔트리와 마이크로비트를 연결한 적이 있는 컴퓨터는 위와 같이 '연결 성공'이 나오게 됩니다. 마이크로비트와 엔트리를 처음 연결하는 컴퓨터는 펌웨어를 설치해야 합니다.

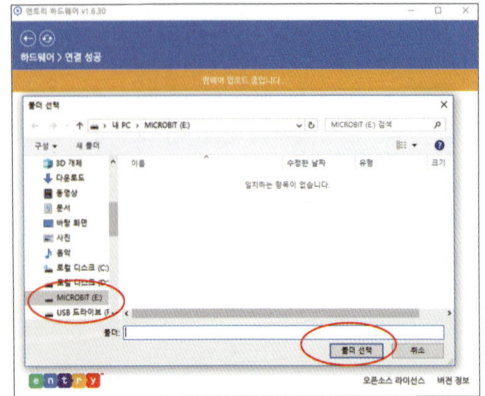

엔트리와 마이크로비트 연결하기 5

'연결 성공'이 나오지 않는다면 펌웨어 설치를 클릭한 후 마이크로비트 드라이브를 선택하고 '폴더 선택'을 클릭하여 설치합니다.

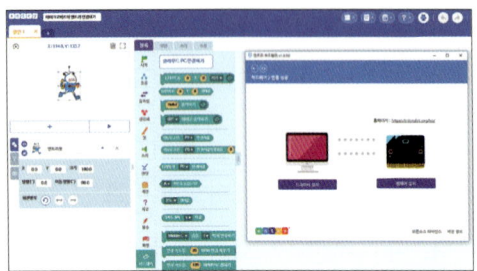

엔트리와 마이크로비트 연결하기 6

'하드웨어'탭에 새로운 블록들이 추가되었다면 엔트리와 마이크로비트 연결이 완료되어 프로그램 코딩이 가능한 상태입니다.

엔트리-마이크로비트 블록 살펴보기

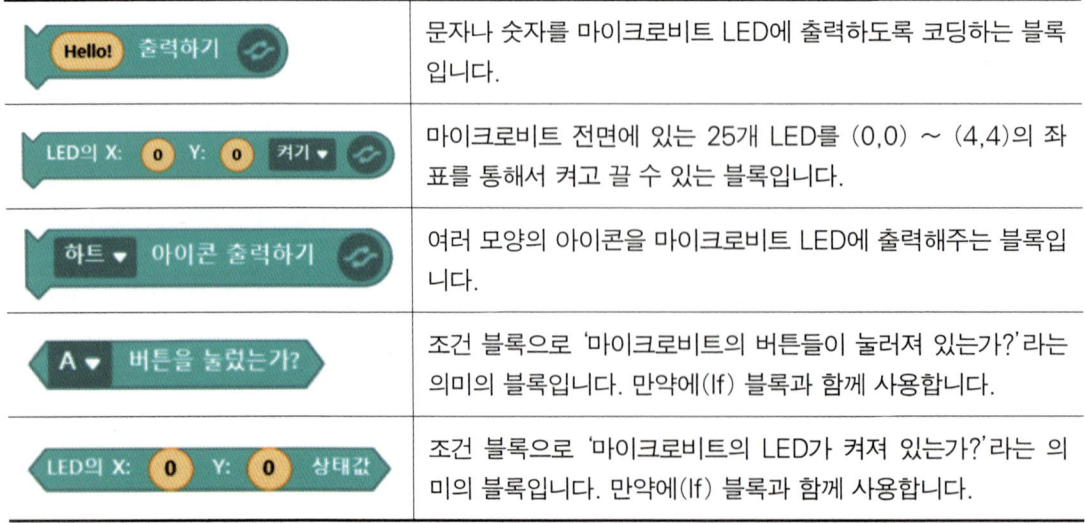

스크래치

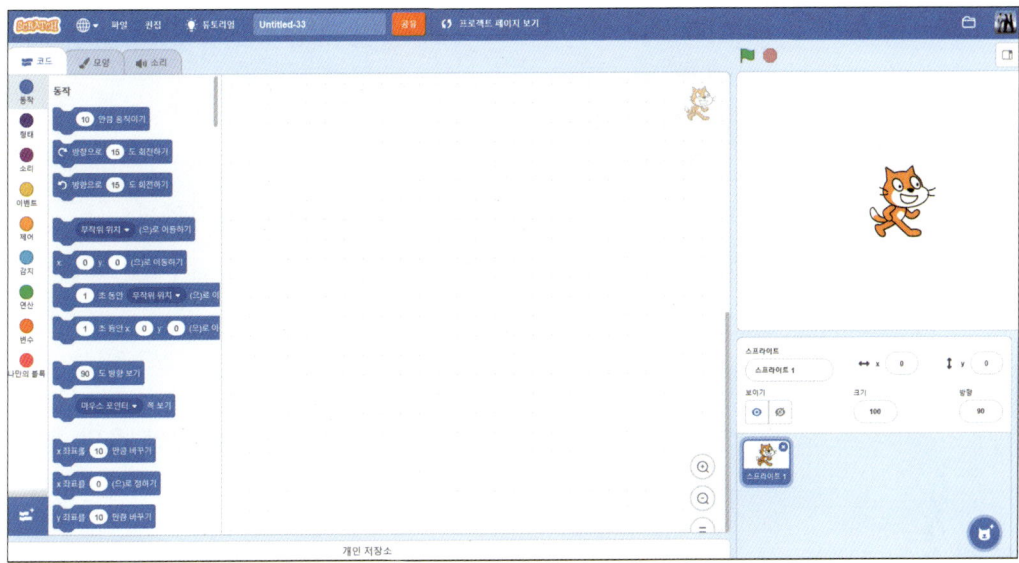

스크래치(Scratch)는 미국 메사추세츠 공과대학(MIT) 미디어랩에서 만들어 제공하는 프로그래밍 언어입니다. 컴퓨터를 처음 접하거나 어린 학생들을 위해 블록형으로 만들었습니다. 엔트리와 사용법이 비슷하여 엔트리나 스크래치 중 한 가지를 배운다면 다른 한 가지 언어는 쉽게 다룰 수 있습니다.

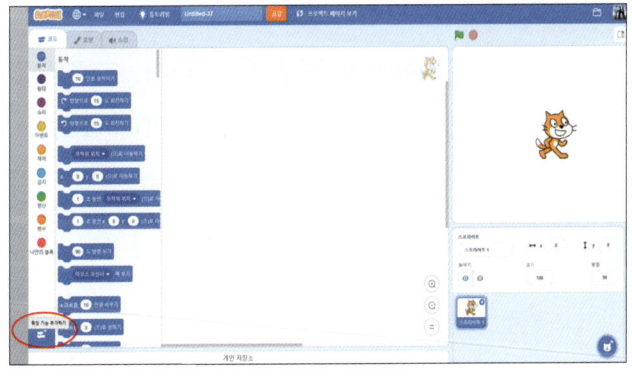

스크래치와 마이크로비트 연결하기 1

스크래치-만들기에 들어가면 위 사진과 같은 기본 화면이 나타납니다. 왼쪽 하단부에 '확장기능 추가하기'를 클릭해봅시다.

A 블록명령과 마이크로비트

스크래치와 마이크로비트 연결하기 2

'확장기능 추가하기'를 클릭하면 다양한 확장 기능을 고를 수 있는 창이 열립니다. 마이크로비트(micro-bit)를 클릭하세요.

스크래치와 마이크로비트 연결하기 3

기기를 찾는 중이라는 창이 나오면 왼쪽 위 '도움말'을 클릭해주세요.

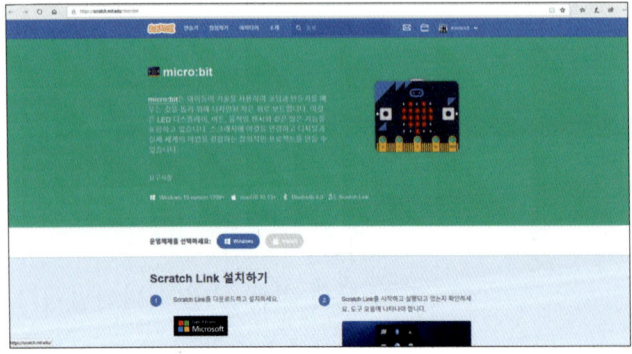

스크래치와 마이크로비트 연결하기 4

'도움말'을 클릭하면 위와 같이 페이지가 열리게 됩니다. 도움말을 클릭하지 않고 https://scratch.mit.edu/microbit 이 주소를 직접 입력해서 접속할 수 있습니다.

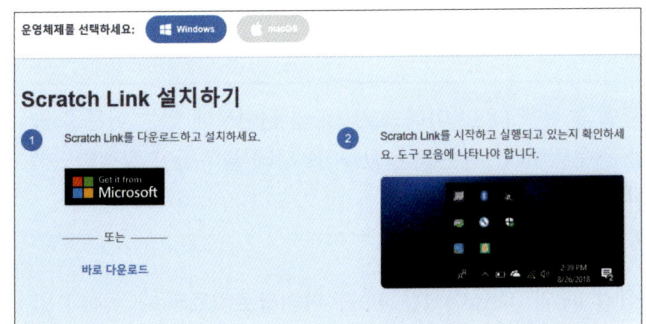

스크래치와 마이크로비트 연결하기 5

자신의 컴퓨터에 설치된 운영체제를 선택 후 'Scratch Link'를 다운받아 설치합니다.

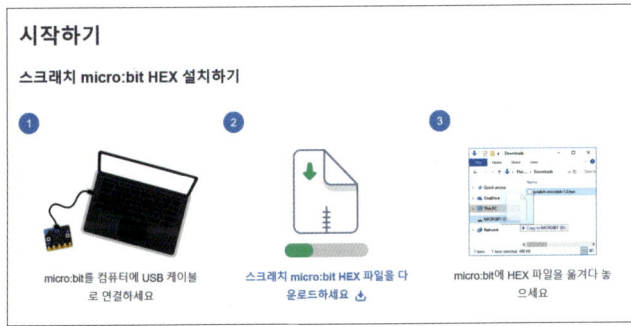

스크래치와 마이크로비트 연결하기 6

엔트리에서 펌웨어 설치와 동일하게 마이크로비트에 '스크래치 micro:bit HEX' 파일을 저장합니다. 다운받은 파일은 압축된 파일이므로 꼭 압축을 풀어 마이크로비트에 넣어주세요.

스크래치와 마이크로비트 연결하기 7

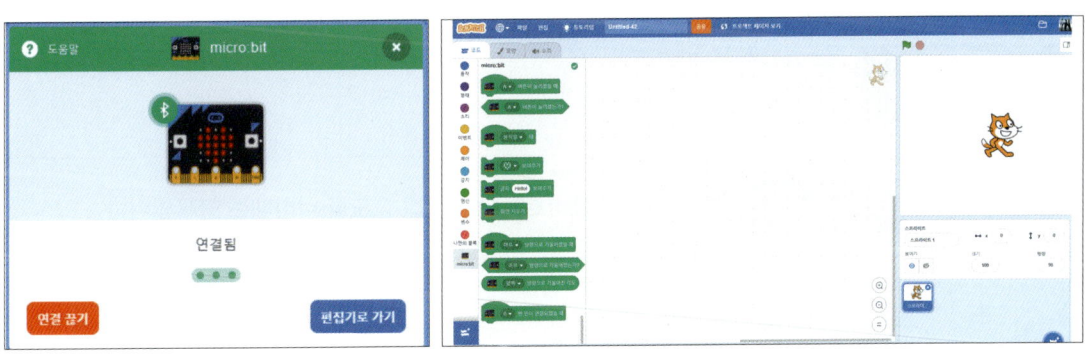

위와 같이 마이크로비트가 연결이 되었다면 창을 닫지 말고 스크래치 화면으로 돌아갑니다. 오른쪽 사진처럼 블록이 보인다면 연결이 완료된 것입니다.

스크래치-마이크로비트 블록 살펴보기

`A▼ 버튼이 눌러졌을 때`	'버튼을 눌렀을 때'는 마이크로비트의 전면부에 있는 버튼을 눌렀을 경우입니다. 버튼을 눌렀을 때 아래 블록들이 실행하도록 시작하는 블록입니다.
`움직일▼ 때` `아무▼ 방향으로 기울어졌을 때`	'움직일 때'와 '기울어졌을 때'는 마이크로비트의 내장되어 있는 가속도 센서가 작동되었을 경우를 말합니다. 마이크로비트를 움직이거나 기울였을 때 프로그램이 시작되도록 하는 블록입니다.
`0▼ 번 핀이 연결되었을 때`	마이크로비트에 '핀'을 연결하여 회로를 만들어 스위치 등으로 연결시킬 경우 프로그램이 시작하도록 하는 블록입니다.
`A▼ 버튼이 눌러졌는가?` `아무▼ 방향으로 기울어졌는가?`	엔트리에서 설명한 것과 같이 판단블록으로 버튼과 기울어짐을 판단하는 블록입니다. 조건(If) 블록과 함께 쓰입니다.

`🔆▼ 보여주기`
 `글자 Hello! 보여주기`
 `화면 지우기`
	아이콘과 문자, 숫자 등을 마이크로비트 25개의 LED로 출력해 주고, 출력된 것을 지우는 블록입니다.

`앞쪽▼ 방향으로 기울어진 각도`	마이크로비트가 기울이진 정도를 나타내는 블록입니다.

B 자바스크립트와 마이크로비트

자바스크립트(JavaScript)

자바스크립트(JavaScript)는 객체 기반의 스크립트 프로그래밍 언어입니다. 이 언어는 웹 브라우저 내에서 주로 사용되며, 다른 응용 프로그램의 내장 객체에도 접근할 수 있는 기능을 가지고 있고, 서버 네트워크 프로그래밍에도 사용되고 있습니다. 자바스크립트는 넷스케이프 커뮤니케이션즈 코퍼레이션의 브렌던 아이크가 처음에는 모카(Mocha)라는 이름으로, 나중에는 라이브스크립트라는 이름으로 개발하였으며, 최종적으로 자바스크립트가 되었습니다. 자바스크립트가 오라클의 자바와 유사한 점도 있지만, 이는 두 언어 모두 C 언어의 기본 구문에 바탕을 뒀기 때문이고, 자바와 자바스크립트는 직접적인 관련성이 없는 별개의 언어입니다.

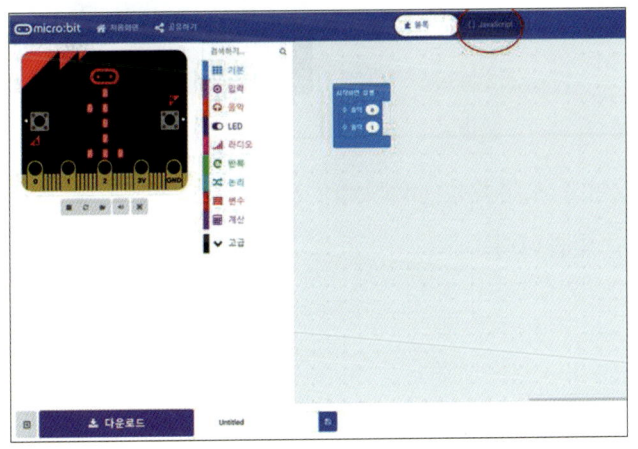

마이크로비트 자바스크립트 편집기

공식홈페이지(https://microbit.org)에서 마이크로비트 블록 코딩을 이용해 간단한 코딩을 한 후 옆에 {} JavaScript 라고 쓰여진 곳을 클릭해 봅시다.

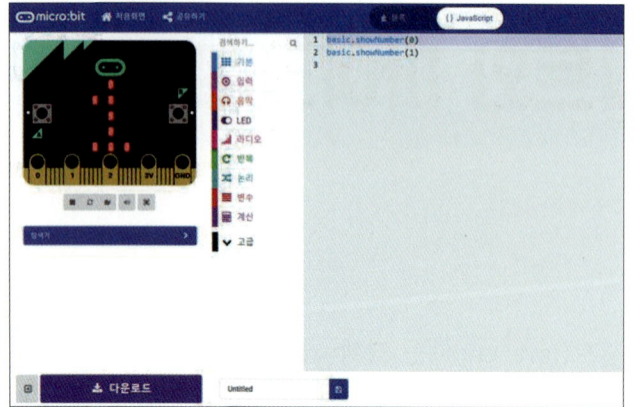

숫자 0과 1을 출력하는 간단한 블록 코딩이 JavaScript로 변환되면서 '텍스트(Text)형' 코딩으로 바뀌었습니다. 이처럼 마이크로비트는 JavaScript 언어로 코딩이 가능합니다.

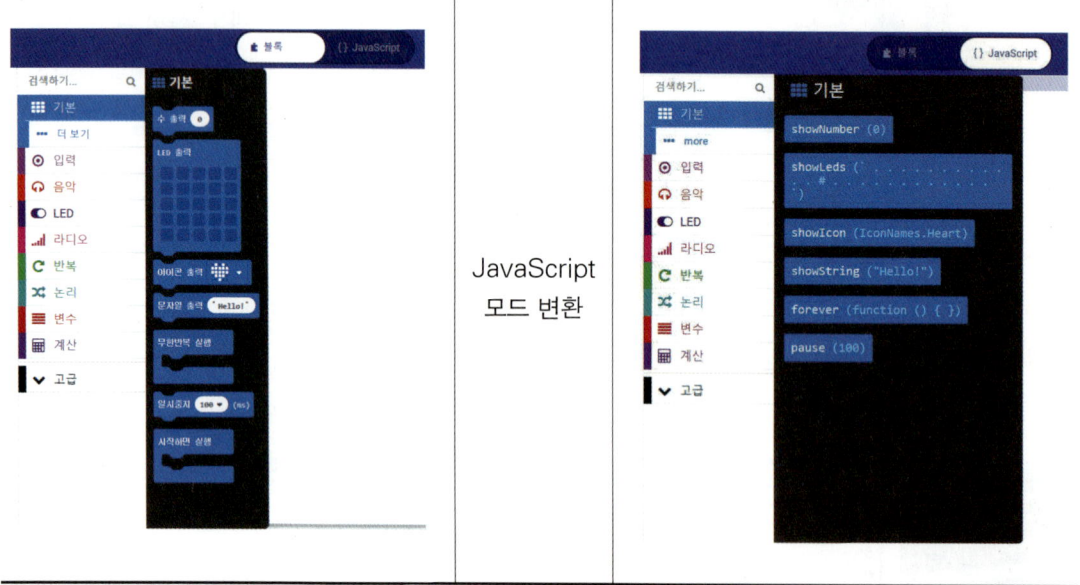

JavaScript 모드 변환

왼쪽은 블록 모드일 때 기본탭의 블록들이고 오른쪽은 JavaScript 모드로 변환한 후 블록들이 JavaScript 코드로 바뀐 것을 확인할 수 있습니다.

자바스크립트(JaveScript) 명령어 살펴보기

블록 모드	JavaScript 모드	기능
수 출력 0	showNumber (0)	숫자 0을 출력합니다. 0이 아닌 다른 숫자를 입력하면 입력한 숫자가 출력됩니다.
문자열 출력 "Hello!"	showString ("Hello!")	문자열 "Hello!"를 출력합니다. 문자열은 숫자와 영어를 사용할 수 있습니다.
일시중지 100 (ms)	pause (100)	프로그램을 100ms만큼 일시중지 시킵니다. 원하는 시간을 입력하면 그만큼 프로그램이 중지됩니다.
반복(repeat): 5 회 실행	for (let i = 0; i < 5; i++) { }	4회 동안 { } 안에 있는 명령어들을 반복 실행합니다. 코딩에서 많이 사용하는 반복 구조입니다.

모든 명령어들을 외우기보다는 많이 사용하는 블록들이 JavaScript 모드에서는 어떤 명령어로 바뀌는지 알아보고 조금씩 사용해보도록 합니다.

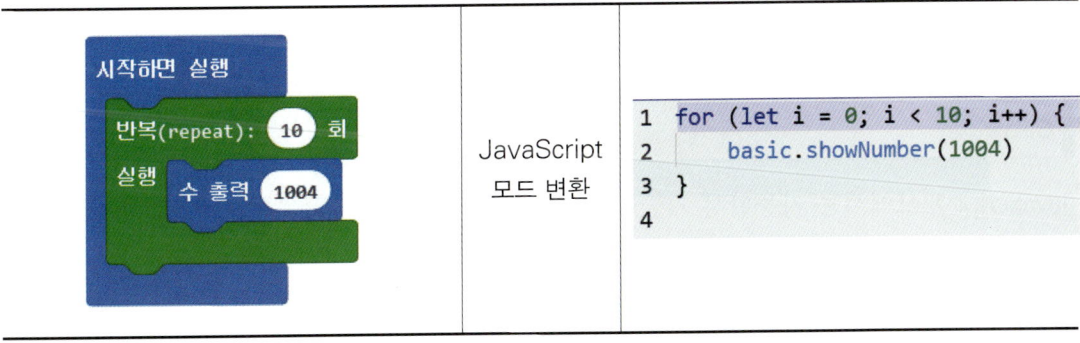

B 자바스크립트와 마이크로비트 **245**

자바스크립트(JaveScript) 코딩 팁

텍스트 프로그래밍 언어가 블록 프로그래밍 언어보다 어렵다고 느끼는 것은 구문(표현 규칙)이 까다롭기 때문입니다. 한 문자라도 오류가 있다면 실행되지 않을 수 있습니다. 코딩 팁을 참고하면서 열심히 배워봅시다.

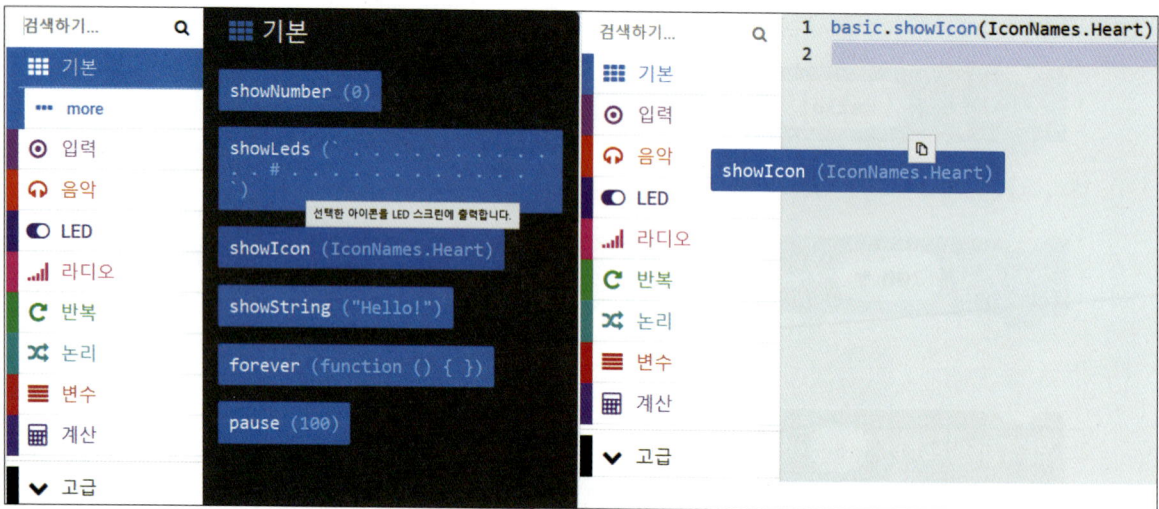

JavaScript 모드에서 블록들에 마우스를 올리면 기능에 대한 설명이 나오며 이를 끌어다 놓으면 JavaScript 구문이 나오게 됩니다. JavaScript를 처음 접하는 사용자가 구문 어려움을 줄일 수 있는 방법입니다.

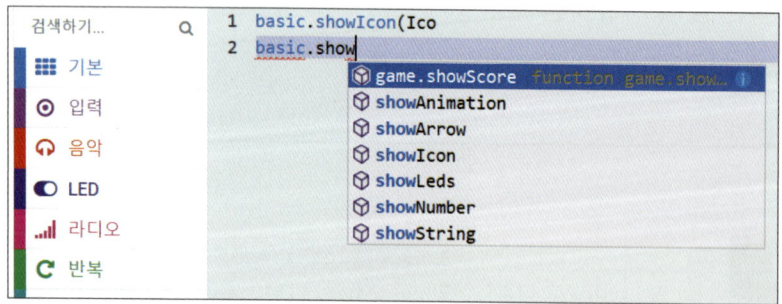

JavaScript 모드에서는 자동완성 기능을 지원합니다. 입력된 첫 글자나 단어로 시작하는 구문들이 제안하여 선택할 수 있도록 사용자를 도와줍니다. 전체 명령어가 잘 기억나지 않아도 찾을 수 있는 방법입니다.

```
1
2  basic.forever(function () {
3
4  })
5
```

```
1
2  basic.forever(function () {
3
4  })
5
```

JavaScript 언어에서는 '()'와 '{}' 등의 괄호들을 사용하게 됩니다. 코드가 길어지거나 복잡해지면 괄호를 실수하는 경우가 잦아지게 되는데, 하나의 괄호로 커서를 옮겨주면 다른 하나의 짝 괄호 또한 음영처리를 통해 쉽게 찾을 수 있도록 지원합니다.

```
1  let 변수 = 0
2  basic.forever(function () {
3      basic.showNumber(0)
4      if (변수 == 1) {
5          basic.showIcon(IconNames.Heart)
6      }
7  })
8
```

텍스트 프로그래밍 언어에서는 '들여쓰기'가 중요합니다. 그 이유는 코딩을 완성한 후 자신 또는 다른 사람들이 코드를 쉽게 이해하기 위함입니다. 코딩하면서 '들여쓰기' 하는 습관을 갖는 것이 중요합니다. JavaScript 모드에서는 「Shift + Alt + F」 세 개의 키보드를 동시에 누르면 자동으로 '들여쓰기'를 정리해주는 기능이 있습니다. '들여쓰기'가 익숙하지 않은 사용자는 이것을 통해 정리해보고 익숙해지면 기능을 사용하지 않고 코딩하는 것을 추천합니다.

```
1  let 변수 = 0
2  basic.forever(function () {
3      basic.showNumber(0)
4      if (변수 == 1) {
5          basic.swowIcon(IconNames.Heart)
6      }
7  })
8
```

텍스트 프로그래밍 언어에서는 한 글자의 오류도 프로그램이 실행되지 않아서 치명적일 수 있습니다. JavaScript 모드에서는 오류를 '빨간 밑줄'로 처리하여 사용자가 쉽게 오류를 찾을 수 있도록 도와줍니다. 자신이 작성한 코드에 빨간색 밑줄이 없는지 찾아봅시다.

C 파이썬과 마이크로비트

파이썬(Python)

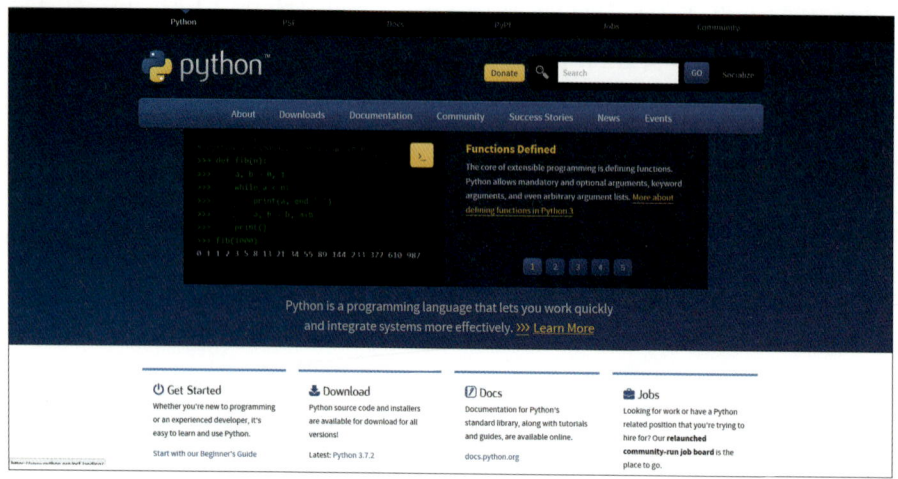

출처: 파이썬 공식 홈페이지

파이썬은 네덜란드 개발자 귀도 반 로섬(Guido van Rossum)이 만든 언어입니다. '스크래치'와 '엔트리'는 '블록형 프로그래밍 언어'이지만, 파이썬은 문자로 코딩을 하기 때문에 '텍스트형 프로그래밍 언어'입니다. 간결한 문법으로 학습자가 이해하기 쉽고, 다양한 분야에 활용할 수 있기 때문에 인기가 많습니다. 부록에서는 마이크로비트 공식홈페이지에 있는 '파이썬 편집기'의 사용법과 기본 예제 명령어들을 살펴보겠습니다.

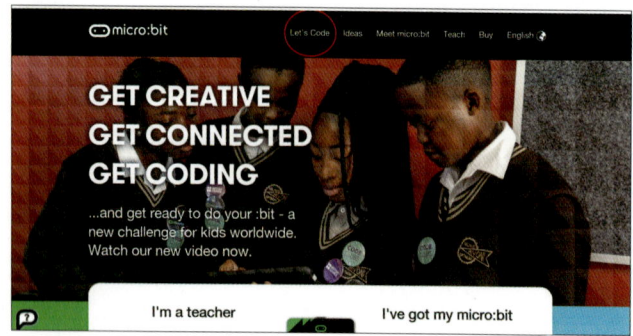

마이크로비트 파이썬 편집기

마이크로비트 공식홈페이지(https://microbit.org)에서 'Let's Code'를 클릭해봅시다.

자주 사용하던 'Make code Editor' 아래쪽에 파이썬 편집기(Python Editor)가 있습니다. 'Let's Code'를 한번 더 눌러주세요.

파이썬 편집기(Python Editor)의 기본 화면입니다. 예제 코드가 기본으로 코딩되어 있습니다. 예제 코드를 살펴보겠습니다.

출처. 파이썬 공식 홈페이지

파이썬 편집기(Python Editor) 기본 예제 살펴보기

# Add your Python code here. E.g.	이 부분은 주석으로 파이썬에서는 #을 치고 쓴 한 줄은 프로그램과 상관없는 주석으로 처리됩니다. 설명이나 메모를 쓸 때 자주 사용합니다.
from microbit import *	마이크로비트를 실행하는 데 필요한 명령어(함수)들을 사용할 수 있도록 해주는 부분입니다.
while True:	이 부분은 아래쪽에 들여쓰기가 되어 있는 부분은 무한 반복하라는 의미입니다.
display.scroll('Hello, World!')	마이크로비트의 LED에 'Hello, World!'라는 문자가 출력되도록 합니다.
display.show(Image.HEART)	마이크로비트의 LED에 하트 모양이 출력되도록 합니다.
sleep(2000)	엔트리나 스크래치에서 기다리기와 같이 프로그램을 실행하다가 잠시 멈추는 명령입니다. 숫자의 단위는 밀리세컨드(ms)로 1/1,000 초입니다.

파이썬으로 마이크로비트를 다루는 것은 블록형 언어를 이용해서 코딩하는 것보다 어렵습니다. 하지만 컴퓨팅사고(CT)를 충분히 키우고 깊게 사고한다면 충분히 해낼 수 있습니다.

D 마이크로비트 시리얼 통신

마이크로비트와 컴퓨터 시리얼 통신 환경 만들기

마이크로비트와 컴퓨터가 시리얼 통신을 하기 위해서는 통신 환경을 만들어 주어야합니다. 시리얼 통신 환경은 오픈 소스 기반의 Tera Term 프로그램을 사용하여 만들 수 있습니다.

Tera Term 프로그램에서 여러 Components 중 필요한 것을 선택하여 설치합니다.	언어는 한국어를 선택합니다.
[메뉴]-[새로 만들기]를 이용하여 컴퓨터와 마이크로비트 시리얼 통신 연결 환경을 설정합니다. 장치관리자를 이용하여 컴퓨터와 연결된 마이크로비트의 port를 확인합니다.	[설정]-[시리얼포트]를 이용하여 시리얼 통신 속도를 115200으로 설정합니다.

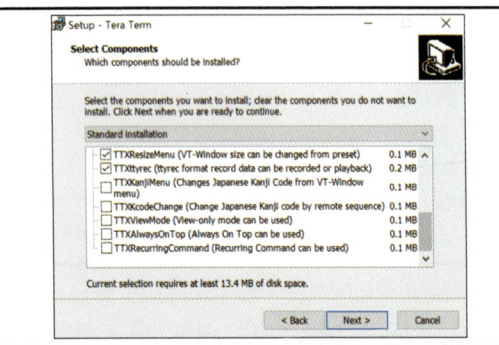
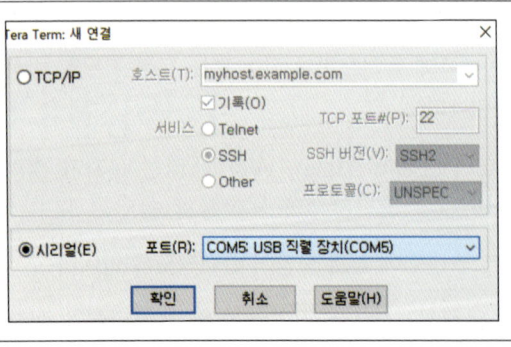
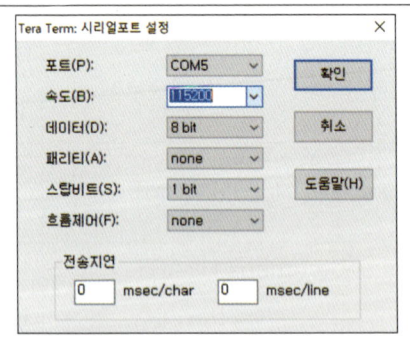

*USB 직렬 장치의 port번호는 사용자의 컴퓨터 장치관리자를 통해서 확인해야 합니다.
*오픈소스 기반의 무료 터미널 프로그램을 사용해도 됩니다.

마이크로비트 시리얼 통신 블록 살펴보기

1 시리얼 통신 전송 블록 알아보자.

시리얼 통신 포트로 문자열을 전송한 후 줄바꿈을 전달할 때 사용합니다.

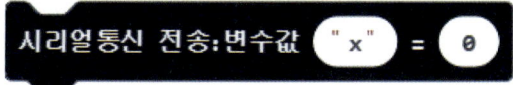

시리얼 통신 포트로 변숫값 문자열과 측정값을 동시에 전달할 때 사용합니다.

콘솔 보이기 시뮬레이터

콘솔 보이기 시뮬레이터를 이용하며 작성한 코드의 실행 결과를 미리 확인해 볼 수 있습니다. '콘솔 보이기 시뮬레이터'를 클릭하면 아래와 같은 화면으로 바뀝니다.

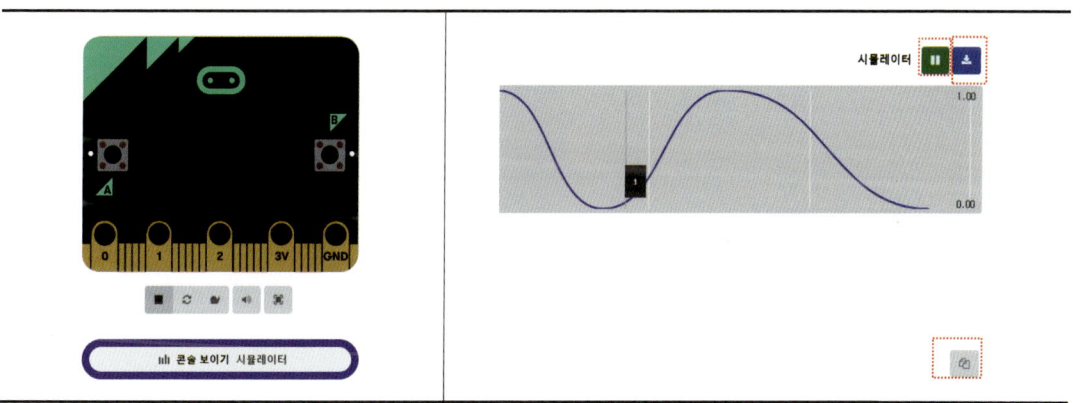

← 뒤로 가기

시뮬레이터의 측정된 값을 엑셀(csv)형식의 파일이나 txt형식의 파일로 저장할 수 있습니다.

블록조립 화면으로 돌아가기 위해서는 뒤로 가기를 클릭하면 됩니다.

"hello microbit" 문장을 컴퓨터로 전송하기

일시중지 블록과 입력 블록, 시리얼 통신 전송 블록을 사용하여, 프로그램을 시작했을 때

'hello microbit'라는 단어를 컴퓨터 화면으로 출력해 봅시다. 그리고 시리얼 통신으로 숫자, 문자를 전송해 봅시다.

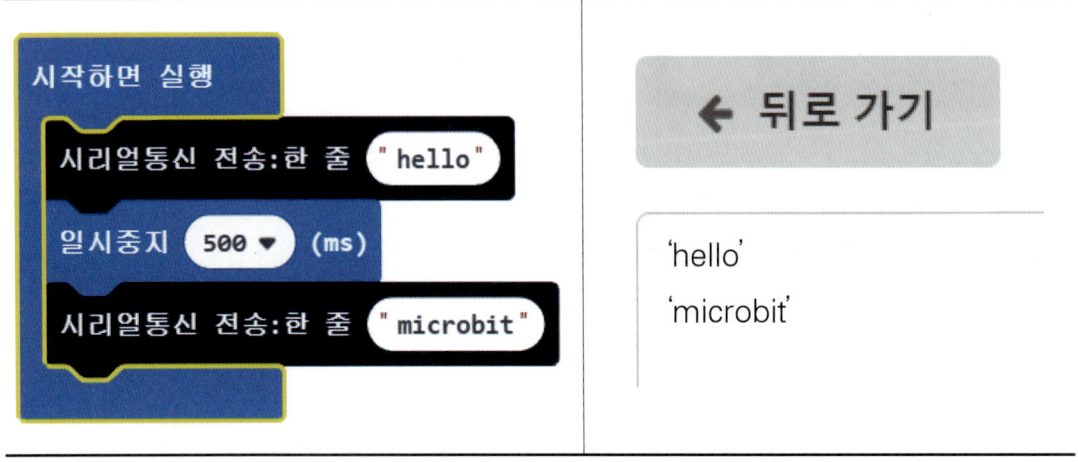

버튼으로 숫자를 컴퓨터로 전송하기

A버튼을 누르면 숫자 1을 전달하고, B버튼을 누르면 '0'을 출력하는 프로그램을 만들어 봅시다.

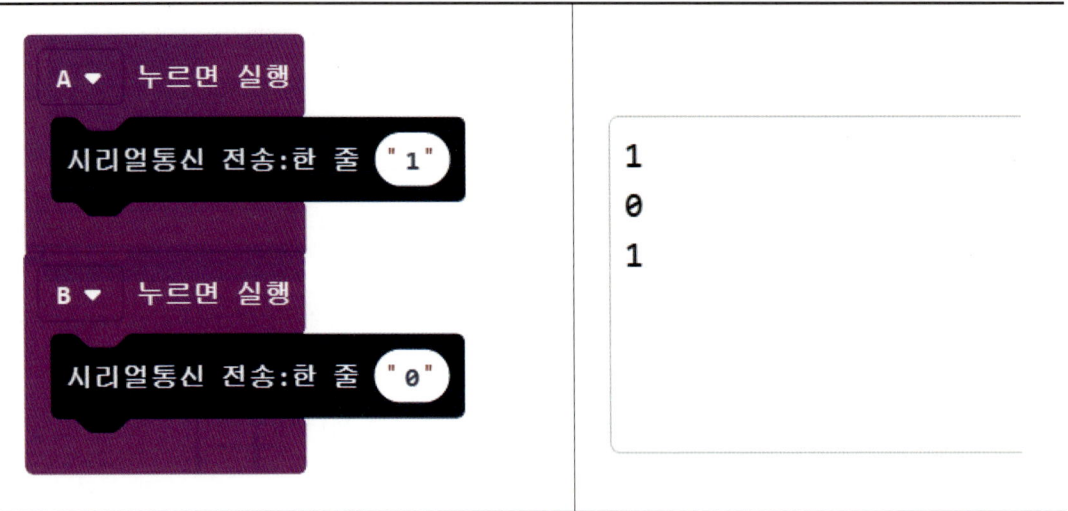

마이크로비트에 내장된 센서값을 컴퓨터에 전송하기

입력 블록에서 가속도 센서, 빛 센서, 자기 센서, 온도 센서에서 측정하고 있는 값을 실시간으로 확인해보는 프로그램을 코딩해 봅시다.

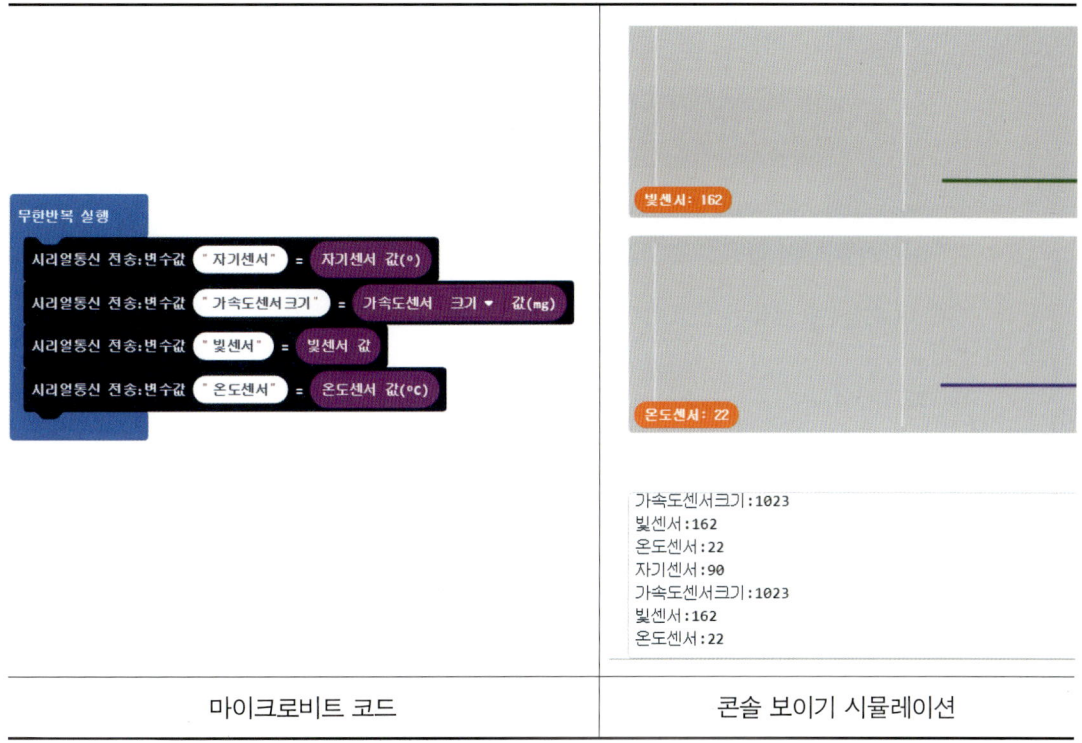

| 마이크로비트 코드 | 콘솔 보이기 시뮬레이션 |

2 시리얼 통신 수신 블록 알아보자.

시리얼통신 수신값:한 줄 — 시리얼 통신 포트로 전송된 데이터를 한 줄의 텍스트로 읽어옵니다.

시리얼통신 수신값: 엔터 ▼ 전까지 — 시리얼 통신 포트로 전송된 데이터를 구분 문자 위치까지 잘라 읽어옵니다.

시리얼통신 수신값:문자열 — 시리얼 통신 포트로 수신된 데이터를 문자열 형태로 읽어옵니다.

마이크로비트로 수신된 데이터 표현하기

기본 블록의 문자열 출력 블록을 이용하여 시리얼 통신 포트로 수신된 데이터를 출력해보는 프로그램을 코딩해 봅시다.